凯程 教育硕士考研系列图书

# 333教育综合（统考）
# 预测模拟
# 6套卷

主编 徐影

北京理工大学出版社

**版权专有　侵权必究**

### 图书在版编目（CIP）数据

333教育综合预测模拟6套卷：函套2册 / 徐影主编.
北京：北京理工大学出版社，2024.10.
ISBN 978-7-5763-4513-1

Ⅰ．G40-44

中国国家版本馆CIP数据核字第2024VZ8879号

---

**责任编辑**：王梦春　　　　**文案编辑**：辛丽莉
**责任校对**：周瑞红　　　　**责任印制**：李志强

---

| | |
|---|---|
| 出版发行 / | 北京理工大学出版社有限责任公司 |
| 社　　址 / | 北京市丰台区四合庄路6号 |
| 邮　　编 / | 100070 |
| 电　　话 / | （010）68944451（大众售后服务热线） |
| | （010）68912824（大众售后服务热线） |
| 网　　址 / | http://www.bitpress.com.cn |

---

| | |
|---|---|
| 版 印 次 / | 2024年10月第1版第1次印刷 |
| 印　　刷 / | 河北鹏润印刷有限公司 |
| 开　　本 / | 787 mm×1092 mm　1/16 |
| 印　　张 / | 6.75 |
| 字　　数 / | 224千字 |
| 定　　价 / | 38.90元（全2册） |

图书出现印装质量问题，请拨打售后服务热线，负责调换

绝密★启用前

# 全国硕士研究生招生考试

## 教育综合

（科目代码：333）

### 考生注意事项

1. 答题前，考生须在试题册指定位置上填写考生编号和考生姓名；在答题卡指定位置上填写报考单位、考生姓名和考生编号，并涂写考生编号信息点。
2. 考生须把试题册上的"试卷条形码"粘贴条取下，粘贴在答题卡的"试卷条形码粘贴位置"框中。不按规定粘贴条形码而影响评卷结果的，责任由考生自负。
3. 选择题的答案必须涂写在答题卡相应题号的选项上，非选择题的答案必须书写在答题卡指定位置的边框区域内。超出答题区域书写的答案无效；在草稿纸、试题册上答题无效。
4. 填（书）写部分必须使用黑色字迹签字笔书写，字迹工整、笔迹清楚；涂写部分必须使用2B铅笔填涂。
5. 考试结束，将答题卡和试题册按规定交回。

（以下信息考生必须认真填写）

| 考生编号 | | | | | | | | | | | | | | | |
|---|---|---|---|---|---|---|---|---|---|---|---|---|---|---|---|
| 考生姓名 | | | | | | | | | | | | | | | |

＊试卷条形码、考生注意事项及考生信息填写位置、大小等情况与实际考卷不同，此处呈现仅为提醒考生在考场上仔细阅读考试要求，认真填写信息！

# 333教育综合模拟卷（一）

一、单项选择题：第1~30小题，每小题2分，共60分。下列每小题给出的四个选项中，只有一个选项是最符合题目要求的。

1. 习近平主席在联合国"教育第一"全球倡议行动一周年纪念活动上发表视频贺词："努力让每个孩子享有受教育的机会，努力让13亿人民享有更好更公平的教育……"在教育过程中，学校应该通过（　　）来促进教育公平。
   A. 让每个孩子都有入学的机会　　　　B. 让学生根据兴趣选择不同的课程
   C. 统一的标准评价学生　　　　　　　D. 让每个学生都有同等升学的机会

2. 学校组织开展运动会，既锻炼了学生身心，丰富了学生的课余文化，活跃了校园气氛，又在无形之中增强了班级凝聚力。这说明教育（　　）
   A. 既有正向显性功能，又有正向隐性功能　　B. 既有负向显性功能，又有负向隐性功能
   C. 既有正向隐性功能，又有负向隐性功能　　D. 既有正向显性功能，又有负向隐性功能

3. 某校校本课程《武术》的实施取得了阶段性成果，学校选拔部分学生参加了国内外武术比赛活动。这体现了教育的文化（　　）
   A. 传承与选择功能　　　　　　　　　B. 传承与交流功能
   C. 选择与创新功能　　　　　　　　　D. 传承与创新功能

4. 根据皮亚杰的认知发展阶段理论，人先掌握具体运算能力，在抽象能力得到发展后，才表现出形式运算能力。这体现了人的发展的（　　）
   A. 差异性和顺序性　　　　　　　　　B. 顺序性和阶段性
   C. 阶段性和不平衡性　　　　　　　　D. 不平衡性和顺序性

5. 几位同学课间闲聊，甲同学说："龙生龙，凤生凤，老鼠的儿子会打洞。小黎的英语成绩又是年级第一，真不愧是英语老师的孩子。"乙同学说："我看还是因为小黎从小就接触英语，家庭氛围好。"丙同学说："我觉得关键是小黎自己十分努力。"甲、乙、丙同学的话分别体现的影响人身心发展的因素是（　　）
   A. 环境、教育、主观能动性　　　　　B. 环境、主观能动性、遗传
   C. 遗传、环境、教育　　　　　　　　D. 遗传、环境、主观能动性

6. 在学习黄庭坚的《清平乐》时，教师通过展示学生课下搜集的诗人资料，适时补充并介绍写作背景，让学生体会诗人情感的变化。这属于教育目的层次中的（　　）
   A. 教育目的　　　B. 培养目标　　　C. 课程目标　　　D. 教学目标

7. 下列关于终身教育的说法，错误的是（　　）
   A. 保证每个人"从摇篮到坟墓"的一生连续性的教育过程
   B. 利用学校、社会、家庭等一切可用于教育和学习的场所
   C. 进行正规的教育与训练，通过非正规教育无法学习和提高
   D. 灵活利用集体教育与个别教育、面授或远程教育等多种教育方式

8. 教师是"消费者"，会按照专家对课程的"使用说明"实施教学。这体现的课程实施取向是（　　）
   A. 忠实取向　　　B. 相互适应取向　　　C. 创生取向　　　D. 目标中心取向

9. 某地区有着古老的制陶历史，该地区的某学校凭借这一优势，在校外专家的帮助和校内师生的共同努力下，将陶艺教育从兴趣小组的活动形式，发展到全校的美术课堂中，深受各年级学生的喜爱。该校的陶艺教育课程属于（   ）

   A. 国家课程　　　　B. 广域课程　　　　C. 地方课程　　　　D. 校本课程

10. 在地理课"自然灾害的防避"教学中，刘老师采取分组的方式，让学生在网络平台上查找资源，在生活实践中了解自然灾害防避的辅助工具和科学方法，设计方案，随后开展"自然灾害防避演练"。演练结束后学生相互交流，总结知识与经验，教师对小组和学生的个人活动进行整体评价。这种教学模式是（   ）

    A. 逆向设计教学模式　　　　　　　　B. 项目探究教学模式
    C. STEM教学模式　　　　　　　　　 D. 程序教学模式

11. 在关于气质的教学过程中，李老师布置了演情景剧的作业，要求学生自己确定故事情节并组织人员参演，但在扮演过程中需要将具备多血质、黏液质、胆汁质和抑郁质这四类气质特点的人物展现出来，让观看的同学识别每个表演者扮演的是哪种气质类型的人物。李老师使用的教学方法是（   ）

    A. 情境模拟法　　　B. 角色扮演法　　　C. 自学辅导法　　　D. 演示法

12. 化学教师王老师发现化学实验中那些瞬息变化的各种现象，令刚刚接触化学课的学生们感到新奇和兴奋，由此产生了兴趣。为了使学生学习化学的兴趣持续下去，王老师尽量创造条件，增加实验次数、实验的能见度和实验的趣味性。久而久之，学生的学习兴趣被激发，学习积极性被调动，化学成绩也十分不错。这表明教学过程中应处理好（   ）

    A. 间接经验与直接经验的关系　　　　B. 掌握知识与提高能力的关系
    C. 智力因素与非智力因素的关系　　　D. 掌握知识与培养思想品德的关系

13. 某教师多次在课堂上强调节约用水，珍惜水资源，但是学生却经常看到该教师用水后不随手关水龙头。该教师的行为违背了（   ）

    A. 知行统一原则　　　　　　　　　　B. 教育影响的连续性原则
    C. 教育影响的一致性原则　　　　　　D. 集体教育与个别教育相结合原则

14. "择其善者而从之，其不善者而改之"没有体现哪一德育方法？（   ）

    A. 榜样示范法　　　B. 自我教育法　　　C. 实践锻炼法　　　D. 品德评价法

15. 下列关于班级内非正式群体的说法，错误的是（   ）

    A. 学生自发形成或组织起来的群体，其组织有不成文的规范
    B. 其形成通常以个人好恶、兴趣为联系纽带
    C. 航模兴趣小组、少先队都是非正式群体
    D. 非正式群体有积极的一面，也有消极的一面

16. 下列关于教师观的论述，与教育家对应正确的是（   ）

    ① "圣则吾不能，我学不厌而教不倦也"
    ② "巫医乐师百工之人，不耻相师"
    ③ "天地者，生之本也；先祖者，类之本也；君师者，治之本也"
    ④ "学问之法，不唯有才，难于距师，核道实义，证定是非"

    A. 孔子、王充、韩愈、荀子　　　　　B. 孔子、韩愈、荀子、王充
    C. 孟子、韩愈、王充、董仲舒　　　　D. 孟子、王充、荀子、董仲舒

17. 宋元明清时期，（ ）不是为了促进学生平时学习积极性的一种教学措施。
    A. "苏湖教法"   B. "三舍法"   C. "六等黜陟法"   D. "升斋等第法"

18. 明清之际的早期启蒙思想的共同特征不包括（ ）
    A. 认为教育要顺应人的本能要求   B. 主张学习自然科学知识和技艺
    C. 反对空谈义理、呆板的教学方法   D. 废除科举制，发展新式学堂

19. 收回教育权运动的最终结果并没有结束教会教育在中国的历史，但它促使教会学校纷纷朝着更加世俗化和中国化的方向进行变革。教会学校的变革不包括（ ）
    A. 向教育部立案注册   B. 逐渐取消开设宗教课程
    C. 为工农业生产提供帮助   D. 逐渐采用国立编译馆出版的教材

20. 杨贤江提倡"全人生的指导"，其中占核心地位的是（ ）
    A. 生活观指导   B. 人生观指导   C. 学习观指导   D. 政治观指导

21. 古代印度的古儒学校采取的独特的教育方法是（ ）
    A. 学生观察教师的操作，然后临摹，最后由教师指点和纠错
    B. 年长儿童充当助手，由助手协助教师把知识传给一般儿童
    C. 鼓励儿童发问，认为不善发问就不善学习
    D. 教师讲解佛经与学生独立钻研相结合

22. 关于古希腊教育家的教育思想，下列论述正确的是（ ）
    A. 智者派提出了德智统一观   B. 苏格拉底是第一个试图讲授道德的人
    C. 柏拉图最早提出了道德可教   D. 亚里士多德最早提出了实践道德

23. 下列选项中，不属于法国《富尔法》的基本原则的是（ ）
    A. 民主参与   B. 自主自治   C. 为社会服务   D. 多科性结构

24. 关于马卡连柯的教育思想，下列说法错误的是（ ）
    A. 要给学生布置经过努力才能完成的任务   B. 集体教育可以通过集体来教育个人
    C. 教育应既与个人又与集体发生关系   D. 纪律既是教育的结果，又是教育的手段

25. 教育要消除彼此的分歧，培养人们的群体意识和集体心理，形成人们共同的思想、信念以及习惯，使之在口头上和行动上表现一致，最终有利于实现一个民主的富裕社会。体现这一观点的教育思潮是（ ）
    A. 要素主义教育   B. 改造主义教育
    C. 永恒主义教育   D. 存在主义教育

26. 在对待某些学生时，教师经常采用小组讨论的教学方法，并给予他们及时的指导和肯定。这类学生的认知风格很可能属于（ ）
    A. 场独立型   B. 场依存型   C. 反思型   D. 冲动型

27. 下列条件反射中，属于第二信号系统的刺激的是（ ）
    A. 望而生畏   B. 谈虎色变   C. 尝梅生津   D. 狐假虎威

28. 小赵不喜欢学习，平时上课无精打采，看起来十分懒散，每次考试后还总会为自己的成绩不好找各种理由。根据科温顿的自我价值理论，小赵属于（ ）
    A. 高趋低避型   B. 高趋高避型   C. 低趋高避型   D. 低趋低避型

29. 在奥苏伯尔的有意义学习理论中，学生把苹果、香蕉、草莓称为水果。这属于（ ）
    A. 信号学习   B. 表征学习   C. 命题学习   D. 概念学习

30. 小明在练习百米赛跑的过程中发现，在几个月之后，虽然他还在不断练习，但是跑步成绩却不再提高。这说明小明在练习中出现了（  ）

　　A. 浮动现象　　　　B. 起伏现象　　　　C. 差异现象　　　　D. 高原现象

## 二、论述题：第31~32小题，每小题15分，共30分。

31. 试论科举制度在封建社会的发展过程、与学校教育的关系以及历史影响。

32. 杜威曾说道："回顾一些近代教育改革的尝试，我们很自然地会发现，人们已经把改革的重点放在课程上了。"请论述杜威课程与教材论的相关内容与评价及其现实意义。

## 三、材料分析题：第33~36小题，每小题15分，共60分。

33. 阅读材料，并按要求回答问题。

　　回想过去，我感觉到，过去一个学期的教学比我前十年的教学总和都更能让我明白什么叫教育。以前，我教好几个班，并且每班人数都在80人左右。每天我的大部分时间都在备课，与学生的交流很少，我只考虑自己能给予什么，很少考虑学生需要什么，也极少关切大多数学生的内心世界。我认为自己首先是一个学科教师，而不是教育者。但换了学校后，这一切颠倒过来了，我不得不把更多的时间花在与学生的沟通上，而用在备课上的时间却减少了好多。我曾经为此抱怨，但现在看来，我花在与学生沟通上的时间不是太多了，而是严重不足。

　　我逐渐地明白，教师首先是一个教育者，其次才是一个学科教师。过去的这半年，我照旧延续以前的思维方式，与学生缺乏沟通、缺乏相互的理解，结果我对学生的爱与关切不能被学生感觉到，这是一个严重的问题。而这段体验告诉我的另一个道理是：所谓的专业化并不是学识化，老师的专业化理应首先是一种人际沟通能力，其次才是学科教学能力。从传统学科教师的角度讲，我是个相当优秀的教师，但是从教师专业化角度讲，我并不是一个称职的老师，我的身上有着太多的缺点。这些缺点能不能改正，仍是一个问题。

　　请回答：

　　（1）谈谈你对材料中"教师首先是一个教育者，其次才是一个学科教师"这句话的理解。（5分）

　　（2）试论材料中的教师应该具备的素养。（5分）

　　（3）从教师个体专业化角度讲，如何加强师生之间的沟通交流？（5分）

34. 阅读材料，并按要求回答问题。

　　本着"学科有边界，知识无边界"的观念，当前我们更流行一个新词"跨界阅读"。当学习者把阅读局限于一个学科时，学科之间森严的壁垒会使思维越来越局限。目前的课程内容编排也越来越呈现出跨学科性和高综合性。跨界阅读优势很多，如达·芬奇，他不仅是著名画家，还是天文学、物理学、医学、工程学、文学等各领域的佼佼者，他将自己跨界阅读的知识变得融会贯通、触类旁通。跨界阅读会让学习者大脑里产生扩散状态的思维，由书中的一个片段，引发无数联想，甚至对立的观点，探求更多的解释，大脑里有更多的知识连线和思路。跨界阅读还引导学习者发展未经逐步分析就迅速对问题答案做出合理的猜测或领悟的能力，号称有了强大的第六感。跨界阅读的同时，往往促进人们将此处的知识用到彼处，将这个学科的理论用到另一学科的实践。总之，跨界阅读才在真正打开学生的视野，让学生喷发出新的思考和学习欲望。

　　请回答：

　　（1）依据材料说明"跨界阅读"如何促进思维能力的发展。（4分）

　　（2）试结合多元智力理论解释"跨界阅读"对学生的智力发展的意义。（5分）

　　（3）日本儿童文学家中川李枝子所著的《当孩子遇见书》中说明了一个道理：或许很多孩子不是不爱读书，也许是没有找到好的入口。如果你是老师，你会如何帮助不爱阅读的学生爱上阅读？（6分）

35. 阅读材料，并按要求回答问题。

某中学的王老师曾记述了这样一个教学案例：在一次作文讲评课上，我让李明同学上讲台朗读，结果这位略有口吃的同学遭到了哄笑。台下的同学们紧紧注视着他，课堂上死寂一片。沉默中，我突然从后悔自责中省悟：初为人师的我不是也有过临场时的恐惧和冷场时手足无措的尴尬吗？然而是自信战胜了这一切。有时候，一次小小的成功能够激活一个人潜在的巨大的自信，可一次难忘的失败也往往可以摧毁一个人仅有的一点自信。眼前的这个男孩难道会陷入后一种情形吗？不，绝不能。我终于微笑着开口了："既然他不太习惯在众目睽睽之下说话，那索性大家都趴在桌上，不看，只用耳朵听吧。"

我带头走到教室后，背对讲台站定，同学们也纷纷趴下头来。终于，我的背后传来了轻巧的羞怯的声音。那的确是篇好作文，写的是他和父亲的故事。因为动情的缘故，我听到他的声音渐渐响了起来，停顿也不多了，有的地方甚至可以说是声情并茂了，我知道他已渐渐进入了状态，涌上心头的阵阵窃喜使我禁不住悄悄回头看看他。我竟然发现台下早已有不少同学抬起头，默默地、赞许地注视着他。朗读结束后，教室里响起了一阵热烈的掌声。我知道这掌声不仅仅是给予这篇作文的。

请回答：

(1) 请用德育模式分析这节作文讲评课。（3分）

(2) 依据材料，说明王老师的德育途径及其特点。（6分）

(3) 请为学校落实"学科育人"提供建议。（6分）

36. 阅读材料，并按要求回答问题。

李丽小学时作文成绩很好，经常被老师推荐参加作文比赛，每次都获得一等奖。初中的第一次语文考试，她的作文分数很不理想。回到家里，李丽的爸爸看到她这次的成绩很生气，让她闭门思过。

第二次考试，她想这次写作文一定要更仔细审题和构思，但仍然被打了低分，老师还用醒目的红笔在她的作文上批注："离题万里！你的脑子有问题吗？"如此几次考试后，李丽对自己的写作能力失去了信心，此后的作文训练课她都敷衍了事，不再认真思考，她想："反正怎么写都写不好，训练还有什么意义？"这连带她最喜欢的语文也出现了不及格的现象。久而久之，李丽上其他课也漫不经心，甚至上课睡觉，其他科目也都出现了成绩下滑的情况。老师找她谈话，她也无所谓。

请回答：

(1) 结合材料，谈谈你是否认同教师对李丽的教育方式，并说明原因。（3分）

(2) 结合归因理论的因素，分析李丽成绩下滑的现象。（6分）

(3) 如果你是李丽的老师，你会如何帮助她提升自我效能感？（6分）

绝密★启用前

# 全国硕士研究生招生考试

## 教育综合

(科目代码：333)

### 考生注意事项

1. 答题前，考生须在试题册指定位置上填写考生编号和考生姓名；在答题卡指定位置上填写报考单位、考生姓名和考生编号，并涂写考生编号信息点。

2. 考生须把试题册上的"试卷条形码"粘贴条取下，粘贴在答题卡的"试卷条形码粘贴位置"框中。不按规定粘贴条形码而影响评卷结果的，责任由考生自负。

3. 选择题的答案必须涂写在答题卡相应题号的选项上，非选择题的答案必须书写在答题卡指定位置的边框区域内。超出答题区域书写的答案无效；在草稿纸、试题册上答题无效。

4. 填（书）写部分必须使用黑色字迹签字笔书写，字迹工整、笔迹清楚；涂写部分必须使用2B铅笔填涂。

5. 考试结束，将答题卡和试题册按规定交回。

### （以下信息考生必须认真填写）

| 考生编号 | | | | | | | | | | | | | | |
|---|---|---|---|---|---|---|---|---|---|---|---|---|---|---|
| 考生姓名 | | | | | | | | | | | | | | |

\*试卷条形码、考生注意事项及考生信息填写位置、大小等情况与实际考卷不同，此处呈现仅为提醒考生在考场上仔细阅读考试要求，认真填写信息！

# 333教育综合模拟卷（二）

一、单项选择题：第1~30小题，每小题2分，共60分。下列每小题给出的四个选项中，只有一个选项是最符合题目要求的。

1. 下列选项所述的行为，属于教育范畴的是（　　）
   ①退休的老人在社区给孩子们讲故事，传播人生道理
   ②小明在与同学的多次冲突中逐渐学会了如何与人和睦相处
   ③大学生在图书馆根据网课自主学习专业知识
   ④科学家在实验室进行科学研究
   A. ①②　　　　　　B. ②④　　　　　　C. ①③　　　　　　D. ③④

2. 以下关于心理起源论的说法，正确的是（　　）
   A. 勒图尔诺说明了人的模仿与动物的本能活动的差别
   B. 认为人是有心理活动的，但它忽视了人的教育的有意识性
   C. 主张教育起源于儿童对成人生活的有意识的模仿
   D. 标志着在教育起源的问题上开始从神话解释转向科学解释

3. 孔子提出"学而优则仕"的教育目的，实际上反映的是（　　）对教育的影响。
   A. 生产力　　　　　B. 政治　　　　　　C. 文化　　　　　　D. 人口

4. 德国哲学家尼采提出了"超人"的概念，认为人类应该摆脱道德和社会的束缚，追求个人的超越和发展。这实际上是一种（　　）观点。
   A. 个人本位论　　　B. 社会本位论　　　C. 国家本位论　　　D. 生活本位论

5. 下列关于义务教育的表述，错误的是（　　）
   A. 普及教育就是义务教育　　　　　　B. 义务教育具有强制性
   C. 高中教育会逐渐义务化　　　　　　D. 学前教育不属于义务教育

6. 泰勒原理对怎样有效组织教育经验进行了论述。下列不属于泰勒提出的有效组织教育经验准则的是（　　）
   A. 连续性　　　　　B. 顺序性　　　　　C. 阶段性　　　　　D. 整合性

7. 在课程内容的组织形式上，（　　）注重课程内容的独立性和知识的深度，（　　）强调课程内容的综合性和知识的广度。
   A. 横向组织；直线式　　　　　　　　B. 纵向组织；横向组织
   C. 纵向组织；直线式　　　　　　　　D. 横向组织；螺旋式

8. 我国普通高中课程改革由学习领域、科目和模块三个层次构成。这属于（　　）
   A. 课程管理的改革　　　　　　　　　B. 课程结构的改革
   C. 课程内容的改革　　　　　　　　　D. 课程组织的改革

9. 下列关于国家课程的说法，错误的是（　　）
   A. 具有必修或选择性必修性质　　　　B. 不具有弹性
   C. 具有权威性和强制性　　　　　　　D. 更体现课程的统一化和标准化

10. 班级授课制在西方的发展中，（　　）首次提出了分班教学的思想，（　　）提出并全面系统地论述了班级授课制度。
    A. 夸美纽斯；赫尔巴特
    B. 赫尔巴特；凯洛夫
    C. 昆体良；凯洛夫
    D. 昆体良；夸美纽斯

11. 在"电流"的教学中，教师设计了实验活动，学生经操作概括出电流的知识：电灯变亮的原因是电流强度增大；电灯变暗的原因是电流强度减小。这种教学模式是（　　）
    A. 发现教学模式　　B. 掌握学习教学模式　　C. 问题教学模式　　D. 程序教学模式

12. 下列选项中，不符合循序渐进教学原则的是（　　）
    A. "语之而不知，虽舍之可也"
    B. "学不躐等"
    C. "不陵节而施"
    D. "盈科而后进"

13. 下列选项中，与其他三项体现的德育方法不同的是（　　）
    A. "吾日三省吾身"
    B. "内省不疚，何恤人言"
    C. "见贤思齐焉，见不贤而内自省也"
    D. "桃李不言，下自成蹊"

14. 体谅模式反对传统道德教育中只注重道德理性和道德知识的灌输，强调道德教育要来源于生活，回归于生活，这一模式把（　　）的培养置于中心地位。
    A. 道德认知　　B. 道德情感　　C. 道德意志　　D. 道德行为

15. 孔子对学生不同的性格特征有着透彻了解。如子路问孔子：听到一个很好的主张，要立即就去做吗？孔子的回答是：家里有父兄，怎能自作主张就去做呢？冉求问了同样的问题，孔子却让他闻风而动。这说明教师劳动具有（　　）
    A. 长期性　　B. 创造性　　C. 示范性　　D. 长效性

16. 下列教学方法中，不属于汉代的教学方法的是（　　）
    A. "大都授"　　B. 下帷讲学　　C. 讲论讲会　　D. 次相传授

17. "朱子读书法"中的"切己体察"强调的是对（　　）的身体力行。
    A. 伦理道德思想　　B. 自然科学知识　　C. 艺术创作　　D. 实践与实验

18. 明清时期，认为"人人都能接受教育，人人尽其才"，并创新学校职能的教育家是（　　）
    A. 黄宗羲　　B. 顾炎武　　C. 王夫之　　D. 颜元

19. 蔡元培提出了"五育"并举的教育思想，他认为世界观教育的主要途径是（　　）
    A. 军国民教育　　B. 实利主义教育　　C. 公民道德教育　　D. 美感教育

20. 在"战时须作平时看"的教育方针的指导下，国民政府将一批高校合并迁往陕西，其中不包括（　　）
    A. 国立北洋工学院　　B. 国立中央大学　　C. 国立北平大学　　D. 国立北平师范大学

21. 下列不属于智者派的教育活动和教育贡献的是（　　）
    A. 云游各地，授徒讲学，推动文化传播
    B. 传播文法、修辞、辩证法，确立"前三艺"
    C. 提出政治家或统治者的预备教育
    D. 传播天文、几何、算术、音乐，确立"后四艺"

22. 19世纪，在一些具有自由主义思想的非国教派人士、重视科学发展的世俗学者以及一些工业资本家等人物的推动下，英国开始了"新大学运动"。这些新大学的建立主要是为了满足（　　）子弟的需要。
    A. 资产阶级　　B. 中产阶级　　C. 无产阶级　　D. 工人阶级

23. 1971年，美国教育总署署长马兰为了提升学生的就业能力提出（　　），要求以职业生涯为中心，把普通教育和职业教育结合起来。
    A. 生计教育　　B. 文艺教育　　C. 卫生教育　　D. 公民教育

24. 下列关于夸美纽斯的普及教育思想，说法错误的是（    ）
   A. 夸美纽斯主张"把一切事物教给一切人"
   B. 夸美纽斯在强调泛智教育时，依然把宗教内容纳入其中
   C. 夸美纽斯认为一切青年男女受教育的目的和程度是相同的
   D. 夸美纽斯要求学校向全体人民敞开大门，不论富贵贫贱，所有男女儿童都应该上学

25. 19世纪末20世纪初，欧洲新教育运动开始的标志性学校是（    ）
   A. 乡村教育之家    B. 阿博茨霍尔姆学校    C. 罗歇斯学校    D. 夏山学校

26. 如果在家庭中儿童处于被溺爱的地位，在玩具和食物的分配上总是优先，那么一旦在学校中享受不到这种待遇则会产生极大的不平衡感，这会导致儿童与同学相处不融洽。这种影响可归属于生态系统理论中的（    ）
   A. 微观系统    B. 中间系统    C. 时间系统    D. 宏观系统

27. 原有观念中的"尊老爱幼"行为包括给老人小孩让座、扶老人过马路等，后来发现尊重老人的意愿、给儿童自由的空间也属于"尊老爱幼"行为。这种学习属于（    ）
   A. 派生类属    B. 上位学习    C. 相关类属    D. 并列学习

28. 在新文科的写作课程中，教师提供写作模板、技巧和指导，辅导学生先进行模仿性写作，然后逐渐引导学生进行自主创作，使学生能够逐步地独立完成优秀的写作作品。这种教学模式属于（    ）
   A. 随机通达教学    B. 认知学徒制    C. 支架式教学    D. 抛锚式教学

29. 有考试作弊行为的学生看到其他学生因作弊受到重罚，可能再也不敢考试作弊了。这体现了观察学习的（    ）
   A. 情绪唤醒效应    B. 抑制效应    C. 去抑制效应    D. 社会促进效应

30. 下列情境中所使用的学习策略对应正确的是（    ）
   A. 经济economy（依靠农民），救护车ambulance（俺不能死）——复述策略
   B. 读完《红楼梦》这本书，为里面的人物梳理了一个关系图——监察策略
   C. 上课之前，教师提前告知学生这个知识点很重要——注意策略
   D. 根据事件的轻重缓急程度对一天的事情进行排序——计划策略

二、论述题：第31~32小题，每小题15分，共30分。

31. 维新变法失败后，清廷面临着不得不深入改革的局面，于是开始了清末续命的最后十年的新政改革，这场改革也确实比之前的改革更大刀阔斧。试论新政时期的教育改革与洋务运动相比，有什么进步之处。

32. 试论赫尔巴特的教学形式阶段理论及其影响。

三、材料分析题：第33~36小题，每小题15分，共60分。

33. 阅读材料，并按要求回答问题。

   材料1：在农村地区，由于受到长期以来的文化传统和观念的影响，导致部分家长对教育的重视程度不够，认为孩子读书不如早点打工赚钱，或者认为女孩子不需要读太多书。这种落后的教育观念导致他们对孩子的学习缺乏支持和鼓励，甚至主动让孩子辍学。还有部分农村家长认为孩子上学的成本较高，而毕业后的就业前景并不乐观，导致他们觉得教育的投入与产出不成正比。一些大学生毕业后也面临着就业困难的问题，这使得农村家长对教育的信心受到打击，从而倾向于让孩子尽早进入社会打工挣钱。

   材料2：发展教育脱贫一批。治贫先治愚，扶贫先扶智。教育是阻断贫困代际传递的治本之策。目前，一些贫困地区教育发展面临很大困难。由于各种原因，贫困家庭孩子辍学失学还比较多，"读书无用论"观

点也有所蔓延，不少贫困家庭子女受教育程度同普通家庭的差距在扩大。贫困地区教育事业是管长远的，必须下大气力抓好。脱贫攻坚期内，职业教育培训要重点做好。一个贫困家庭的孩子如果能接受职业教育，掌握一技之长，能就业，这一户脱贫就有希望了。摆脱贫困首要并不是摆脱物质的贫困，而是摆脱意识和思路的贫困。扶贫必扶智，治贫先治愚。贫穷并不可怕，怕的是智力不足、头脑空空，怕的是知识匮乏、精神委顿。脱贫致富不仅要注意富口袋，更要注意富脑袋。

——习近平总书记《论教育》

请回答：

(1) 依据材料1，分析中国贫困地区辍学率高的原因。(5分)

(2) 依据教育与社会发展关系理论说明"越穷的地方越要发展教育"的原因。(5分)

(3) 请依据学制发展的趋势论述发展农村教育的措施。(5分)

34. 阅读材料，并按要求回答问题。

为了指导幼儿园和家庭实施科学的保育和教育，促进幼儿身心全面和谐发展，教育部制定了《3~6岁儿童学习与发展指南》（以下简称《指南》）。

《指南》将幼儿的学习与发展分为健康、语言、社会、科学、艺术五个领域。每个领域由学习与发展目标、教育建议两部分组成。学习与发展目标部分分别对3~4岁、4~5岁、5~6岁三个年龄段末期幼儿应该知道什么、能做什么、大致可以达到什么发展水平提出了合理期望；教育建议部分针对幼儿学习与发展目标，列举了一些能够有效帮助和促进幼儿学习与发展的教育途径与方法。

其中，《指南》在幼儿社会领域的学习与发展中指出：幼儿社会领域的学习与发展过程是幼儿社会性不断完善并奠定健全人格基础的过程，主要包括人际交往与社会适应。对于人际交往，其3~4岁的目标及具体要求如下：

| 目标 | A_____ | B_____ | C_____ | D_____ |
| --- | --- | --- | --- | --- |
| 具体要求 | ①喜欢和小朋友一起游戏。②喜欢与熟悉的长辈一起活动 | ①想加入同伴的游戏时，能友好地提出请求。②在成人指导下，不争抢、不独霸玩具。③与同伴发生冲突时，能听从成人的劝解。 | ①能根据自己的兴趣选择游戏或其他活动。②为自己的好行为或活动成果感到高兴。③自己能做的事情，愿意自己做。④喜欢承担一些小任务 | ①长辈讲话时能认真听，并能听从长辈的要求。②身边的人生病或不开心时表示同情。③在提醒下能做到不打扰别人 |

请回答：

(1) 阅读材料，结合《指南》关于3~4岁幼儿人际交往的具体要求，对其目标进行总结。(5分)

(2) 结合教育心理学相关理论，分析《指南》关于3~4岁幼儿人际交往的具体要求的合理性。(5分)

(3) 根据《指南》3~4岁目标A的具体要求，给幼儿园提供一种游戏建议，并说明你的理由。(5分)

35. 阅读材料，并按要求回答问题。

我是一名数学教师，面对充满变量的数学课堂和思维活跃的学生，我更喜欢上两种课：注重生成性而非预设性的"赤手空拳"课和注重启发式而非"填鸭式"的"舌战群儒"课。教育不是灌输，而是启发和引导，尤其是在面对与众不同的学生个体和千差万别的教学情境时，"授人以鱼，不如授人以渔"。教师要洞察学生的知识结构、认知能力与情感状态，在合适的情境中给出恰当点拨，要先有"脚手架"，再寻找"最近发展区"，引导学生自主学习。

从教30年，我始终认为"比成绩更重要的是成长，比上课更重要的是育人"。做一名好教师不仅要启智，更要润心，要注重全人发展，兼顾知识、能力等智力因素和道德品质等非智力因素，让学生在学习知识、启迪智慧的同时，也能塑造高尚的灵魂和健全的人格。

……

朱熹有云："夫子教人，各因其材。"适合的教育才是最好的教育。每个学生的禀赋潜质各有不同，应创设多元平台载体，寻找集体的最大公约数，注重个体的个性化培养，让学生"能跑的跑起来，能飞的飞更高"。

——浙江教育报《弘扬教育家精神，做教育事业的筑梦人》

请回答：

(1) 根据材料的前两段内容分析作者的学生观。(4分)

(2) 材料在提倡因材施教的同时又提到要"寻找集体的最大公约数"，这是否表明当前的学校教育是矛盾的？(5分)

(3) 数学教学如何兼顾学生个性与共性的发展？请通过三种教学组织形式进行举例说明。(6分)

36. 阅读材料，并按要求回答问题。

材料1：A教师：魏书生老师应邀去某校上一节公开课。面对新的教材、新的学生，这节课，魏老师会怎么上呢？轻轻地推开教室门，魏老师带着微笑走上了讲台。他先跟同学们聊天，熟悉过后，他说："请同学们把书翻到第47页，我们来学课文。""对照以往的课文学习，大家琢磨一下，这篇课文哪些需要我们掌握？"学生议论纷纷，有的学生已迫不及待地说出了口。魏老师把学生们提到的学习要求梳理后写在黑板上。写好后，他说："这篇课文有七点学习要求，下面我们逐一解决。先看作者简介，谁能回答这个问题？"话音未落，已有学生举起手。魏老师让该生回答。回答完毕，魏老师问大家："这个问题还需要我讲吗？""不需要。""那好，我们接着解决第二个问题……"如此这般，黑板上的要求都被学生们一一落实。再看学生脸上都乐开了花。课程结束前，魏老师问学生："大家觉得我怎么样啊？"这时候，有个学生站起来说："魏老师，这节课的问题都是我们自己回答的，你好懒。"听了这个学生的责问，魏老师笑了起来："说得好，我确实懒。但只有懒老师才能培养出勤学生。你们说是不是？""是"，讲台下掌声一片。

材料2：B教师：一个青年教师在进行《伊犁草原漫记》授课时，课文第二段第三层写秋天猎人猎熊的果敢，但一名学生没有按照老师要求归纳猎人果敢的特点，而是站起来说"老师，我认为不是果敢，而是残忍"，同时指出猎人的行为是违法行为。原本课本和教学参考书上都是歌颂猎人的，学生却痛斥猎人的猎熊行为，这是教师始料未及的，于是老师说："教参上就是这么写的，你记住就行了。你怎么老是跟别人不一样，就你最特殊！"老师说完以后，这个学生再也没有举手回答过问题！

请回答：

(1) 结合材料，分析材料中A、B教师采用不同的教学方式对学生创造性发展的影响。(5分)

(2) 结合材料，从创造性的基本结构角度分析A教师的教学方式。(4分)

(3) 结合任一个学科，以"创造性培养"为主题，拟订一个教学方案，并简要写出教学过程设计。(6分)

绝密★启用前　　【本套试卷供万人大模考使用，扫描下方二维码参与万人大模考】

# 全国硕士研究生招生考试
## 教育综合

（科目代码：333）

## 考生注意事项

1. 答题前，考生须在试题册指定位置上填写考生编号和考生姓名；在答题卡指定位置上填写报考单位、考生姓名和考生编号，并涂写考生编号信息点。

2. 考生须把试题册上的"试卷条形码"粘贴条取下，粘贴在答题卡的"试卷条形码粘贴位置"框中。不按规定粘贴条形码而影响评卷结果的，责任由考生自负。

3. 选择题的答案必须涂写在答题卡相应题号的选项上，非选择题的答案必须书写在答题卡指定位置的边框区域内。超出答题区域书写的答案无效；在草稿纸、试题册上答题无效。

4. 填（书）写部分必须使用黑色字迹签字笔书写，字迹工整、笔迹清楚；涂写部分必须使用2B铅笔填涂。

5. 考试结束，将答题卡和试题册按规定交回。

（以下信息考生必须认真填写）

| 考生编号 | | | | | | | | | | | | | | |
|---|---|---|---|---|---|---|---|---|---|---|---|---|---|---|
| 考生姓名 | | | | | | | | | | | | | | |

＊试卷条形码、考生注意事项及考生信息填写位置、大小等情况与实际考卷不同，此处呈现仅为提醒考生在考场上仔细阅读考试要求，认真填写信息！

# 333教育综合模拟卷（三）

一、单项选择题：第1~30小题，每小题2分，共60分。下列每小题给出的四个选项中，只有一个选项是最符合题目要求的。

1. 教育家加里宁认为："教育其实是一种感化。教育是对受教育者心理上所施行的一种确定的、有目的的和有系统的感化作用，以便在受教育者的身心上养成教育者所希望的品质。"根据谢弗勒对教育定义的分类，这种说法属于（　　）
   A. 描述性定义　　　B. 操作性定义　　　C. 纲领性定义　　　D. 解释性定义

2. 主张"教育本质上是一种信号，教育的主要经济价值就是对求职者进行选择，将他们安置到不同的职业岗位上，从而使整个经济活动可以正常地运行"的理论是（　　）
   A. 再生产理论　　　B. 劳动力市场理论　　C. 筛选假设理论　　D. 人力资本理论

3. 教育的相对独立性的特点不包括（　　）
   A. 教育的滞后性　　B. 教育的前瞻性　　　C. 教育的阶级性　　D. 教育的历史继承性

4. 下列句子中，与"今人之性，生而有好利焉，顺是，故争夺生而辞让亡焉……故必将有师法之化，礼义之道，然后出于辞让，合于文理，而归于治"持有相同观点取向的是（　　）
   A. "仁义礼智，非由外铄我也，我固有之也，弗思耳矣"
   B. "基因复制是决定人的一切行为的本质力量"
   C. "人的性格不是由他自己形成的，而是由外力替他形成的"
   D. "出自造物主之手的东西都是好的，而一旦到了人的手里就全变坏了"

5. 当前我国的教育方针强调培养（　　）
   A. 德智体美全面发展的人　　　　　　　B. 德智体美劳全面发展的人
   C. 德智体全面发展的人　　　　　　　　D. 德智体美劳及个性全面发展的人

6. 柏拉图在《理想国》中，构建了一个理想城邦，将公民分为三种，即哲学王、军人、手工业者，分别代表智慧、勇敢和欲望三种品性。这三种人只有各司其职、各安其位，才能形成一个正义之邦。由此可知，柏拉图的教育目的论属于（　　）
   A. 个人本位论　　　B. 社会本位论　　　C. 生活本位论　　　D. 教育无目的论

7. 习近平总书记在2024年两会上指出："我们要实实在在地把职业教育搞好，要树立工匠精神，把第一线的大国工匠一批一批培养出来。"以下关于职业教育的说法错误的是（　　）
   A. 推动专业设置、人才培养与市场需求对接　　B. 深化产教融合、校企合作，延伸办学空间
   C. 推动职普融通，增强职业教育的适应性　　　D. 职业教育与普通教育目标与地位均不同

8. 主张教育的目的是传递人类共同的文化遗产，训练智力，促进人的自我实现，学校的课程应该给学生提供分化的、有组织的经验，即知识。秉持这种观点的人在课程理论流派上倾向于（　　）
   A. 学科中心课程理论　　B. 社会中心课程理论　　C. 活动中心课程理论　　D. 后现代主义课程理论

9. 将历史、地理、政治、经济、法律等学科整合为社会科学课程，使学生能从宏观角度了解社会现象。这种课程属于（　　）
   A. 核心课程　　　　B. 融合课程　　　　C. 相关课程　　　　D. 广域课程

10. 依据布卢姆教育目标分类学的要求，下列不适合作为教学目标的是（    ）

    A. 通过本节课的学习，要求学生掌握人物描写的技巧与方法

    B. 通过本节课的学习，培养学生的创新意识与批判思维能力

    C. 通过本节课的学习，激发学生对传统文化的热爱之情

    D. 通过本节课的学习，要求学生迅速无误地认出五个生字

11. 通过一定的情境对话、游戏进入教学，充分调动学生的无意识心理活动，运用鲜明的形象强化外围知觉，唤起学生的视听感觉，使学生在轻松、舒畅的情况下进行学习。这种教学模式是（    ）

    A. 范例教学模式    B. 掌握学习教学模式    C. 非指导性教学模式    D. 暗示教学模式

12. 小学语文识字教学的评价标准是：在读音方面，所有生字的读音准确率达到90%以上；在书写方面，笔画顺序正确、字形结构基本正确的生字达到80%以上；在组词方面，每个生字能正确组出一个词即为合格。这种评价方式属于（    ）

    A. 常模参照性评价    B. 目标参照性评价    C. 总结性评价    D. 相对性评价

13. 家长会上，班主任李老师夸奖卫生委员小明乐于助人、积极阳光，在他的带领下班级每次都能拿到卫生流动红旗。小明的妈妈对班主任的话十分震惊，因为小明在家里衣服乱扔、垃圾不倒、东西不主动收拾，跟在学校里完全不一样。出现这种情况的原因可能是对小明的教育违背了（    ）

    A. 教育影响的一致性原则            B. 循循善诱原则

    C. 教育影响的连续性原则            D. 长善救失原则

14. 在某中学地理课堂上，地理老师通过展示海洋环境污染有关的视频，引导学生辩证思考人类过度活动对生态环境的破坏，从而培养学生树立环保意识。该教师采用的德育途径是（    ）

    A. 指导育人        B. 学科育人        C. 环境育人        D. 活动育人

15. 教师是教育事业的第一资源，是国家繁荣、民族振兴、人民幸福的重要基石。下列体现了教师劳动的复杂性的是（    ）

    A. 教学方法的不断更新与教育机智的运用    B. 教育任务的多样性和教育对象的差异性

    C. 教育工作基于专门的知识与专业技能      D. 对年轻一代的培养是长期教育的结果

16. 下列关于我国古代教育家教育思想的论述，正确的是（    ）

    A. 孔子在教育方法上强调启发诱导和量力而教    B. 孟子提出教育应以"大儒"为最理想的目标

    C. 荀子最为提倡尊师，但反对"师云亦云"        D. 墨子的教育实践强调动机与效果的统一

17. 东汉思想家王充将知识分子划分为五种，其中一种"知识渊博，能够将各种知识融会贯通，将书本知识和实际政治结合起来，对实际政治加以评论并提出建议"。以上描述的是（    ）

    A. 通人        B. 儒生        C. 文人        D. 鸿儒

18. 小明用四个八字标语描述一所书院的特点："讽议朝政，裁量人物""推行理学，反对心学""关注政治，揭露腐朽""定期讲会，会后交流"。这所书院是（    ）

    A. 白鹿洞书院    B. 东林书院    C. 诂经精舍    D. 学海堂

19. 关于我国的"第一个学制"，以下说法对应正确的是（    ）

    A. 近代第一个正式颁布的法定学制——"壬戌学制"

    B. 近代第一个颁布并实施的法定学制——"壬寅学制"

    C. 近代第一个资产阶级性质的学制——"壬子癸丑学制"

    D. 近代第一个以中央政府名义制定的全国性学制系统——"癸卯学制"

20. 平民教育思潮中以共产主义知识分子为代表的教育实践是（　　）
    A. 北京高等师范学校的学生组织了平民教育社　　B. 陶行知等人组织成立了中华平民教育促进总会
    C. 晏阳初主编出版了教材《平民千字课》　　D. 邓中夏发起组织了"平民教育讲演团"

21. 亚里士多德认为，"一个人生来就是人，而不是其他动物，并且其身心必定有某种特性"。亚里士多德认为人成为人的三因素是（　　）
    A. 自然、环境、教育　　　　　　　　　　B. 自然、习惯、教育
    C. 天性、习惯、理性　　　　　　　　　　D. 环境、教育、理性

22. 关于雄辩家的培养，昆体良主张（　　）
    A. 双语教育，先学拉丁语，再学希腊语
    B. 雄辩术才能是第一位的，善良的品德居于第二位
    C. 家长对儿童进行个性教育，家庭教育优于学校教育
    D. 重视学前教育，对儿童实施快乐教育

23. （　　）提出面向所有学生提供免费接受中等教育的原则，使中等教育成为连接初等教育和继续教育或高等教育的中间环节，基本形成了现代英国国民教育制度。
    A.《费舍教育法》　　B.《巴特勒教育法》　　C.《巴尔福教育法》　　D.《1988年教育改革法》

24. 用"教育心理学化"替代"教育适应自然"这一术语的教育家是（　　）
    A. 裴斯泰洛齐　　B. 第斯多惠　　C. 赫尔巴特　　D. 福禄培尔

25. 关于教师在教学过程中的地位和作用，要素主义教育家主张（　　）
    A. 教师应成为学生自我实现的影响者和激励者
    B. 教师在教育教学中居于核心和权威地位
    C. 教师应通过民主讨论和劝说的方式来教育学生
    D. 教师是结构教学中的主要辅助者

26. 在"海因兹偷药"的道德两难问题上，一名儿童认为海因兹不应该去偷药，因为如果人人都违法去偷东西的话，社会就会变得很混乱。根据科尔伯格的道德认知发展阶段理论，该儿童处于（　　）
    A. 人际协调或"好孩子"定向阶段　　　　B. 维护权威或秩序的定向阶段
    C. 惩罚与服从的定向阶段　　　　　　　D. 社会契约定向阶段

27. 在日常生活中，面对前方向你飞来的蚊虫，你会躲开或者将其拍死，这属于（　　）
    A. 条件反应　　B. 逃避条件作用　　C. 顿悟　　D. 回避条件作用

28. 学生在课堂上听物理老师讲解摩擦力的知识，并运用所学知识解释生活中的现象。依据奥苏伯尔的学习分类，该学习属于（　　）
    A. 有意义的接受学习　　B. 机械的接受学习　　C. 有意义的发现学习　　D. 机械的发现学习

29. 小亮喜欢选择容易完成的任务，期望通过任务的完成展示个人的能力。依据德维克的目标定向理论，小亮持有（　　），倾向于设置（　　）
    A. 能力实体观；表现目标　　　　　　　B. 能力实体观；掌握目标
    C. 能力增长观；表现目标　　　　　　　D. 能力增长观；掌握目标

30. 以下属于结构良好问题的是（　　）
    A. 如何养好一只大熊猫　　　　　　　　B. 地月最短距离是多少
    C. 一位牧民的羊跑丢了　　　　　　　　D. 为班级设计板报

二、论述题：第31~32小题，每小题15分，共30分。

31. 1917年，蔡元培任北大校长，他以自由、民主的原则改革北大，为中国高等教育开辟了一片新天地。试述蔡元培的"思想自由，兼容并包"的教育思想及其影响。

32. 试比较福禄培尔和蒙台梭利的幼儿教育思想。

三、材料分析题：第33~36小题，每小题15分，共60分。

33. 阅读材料，并按要求回答问题。

2024年7月18日至20日，第五届LIFE教育创新大会在成都成功举办。本届大会以"为未来生活做准备的教育创新"为主题，中国新学校研究会会长、北京第一实验学校校长李希贵做了题为"AI时代如何做教育"的报告。他指出，过去的技术进步给学校带来的是教学方式的改变，而当前这轮AI技术将直接成为新的教育体系，这个教育体系叫作大模型。他提出，"今天我们要培养的学生不是一个简单的劳动者，而是一个可以领导人工智能的人。这一目标又可以拆分为三个具体目标——自我成长的主理人、问题解决的主导者、他人目标的协同者"。

从国家政策来看，国务院印发的《新一代人工智能发展规划》中明确"建设人工智能学科"，具体包括完善人工智能领域学科布局、设立人工智能专业等。从产业发展来看，近年来人工智能在各行各业快速落地应用。人工智能核心产业规模的迅猛发展，相应地带来了对人工智能专业人才的强劲需求。相关研究机构曾在2020年发布报告指出，中国人工智能人才缺口达30万人。如今众多高校响应国家政策，争相开设人工智能专业，有望源源不断地为国家与社会培育相关人才，我国人工智能技术和产业发展可谓后继有人。不过令人担忧的是，人工智能技术专业门槛高、更新迭代速度快，同时师资力量仍在积累中，这给高校设立人工智能专业带来了不小的挑战。

请回答：

（1）如何理解材料中"今天我们要培养的学生不是一个简单的劳动者，而是一个可以领导人工智能的人"这句话。（5分）

（2）分析科技与教育的关系。（5分）

（3）面对人工智能时代的变革，教师应如何利用人工智能进行教育？（5分）

34. 阅读材料，并按要求回答问题。

中国正进入一个"全民焦虑"的时代。其中"教育焦虑"始终排在社会热点话题的前几位，如"起跑线"焦虑、择校焦虑、作业焦虑、升学焦虑……大人容易焦虑，孩子也容易焦虑，孩子们的第一焦虑往往是考试焦虑，他们还能切身感受到父母工作的焦虑、养家的焦虑，甚至提前感受到大学毕业生就业找工作的焦虑。

其实，任何一个时代的人都有他们的焦虑，我们今天是随着心理学的发展正视了焦虑这件事。当然，在社会传播中又不同程度地夸大了焦虑。心理学家认为，适当的焦虑不仅很正常，而且对人有益，焦虑会让我们稍微紧张，勇敢面对，专注集中，解决问题，赢得成功。如果焦虑感不断膨胀，超出人们可承受的心理范围，就对人的发展产生阻碍作用。我们的任务不是消除焦虑，而是控制焦虑、接纳焦虑，允许自己可以有一些负面情绪，或许才会活得释然一些。

——《大脑想要这样学》

请回答：

（1）结合材料第一段，运用布朗芬布伦纳的生态系统理论解释当今社会普遍存在焦虑心态的现象。（5分）

(2) 请用经典条件作用的主要规律分析"考试焦虑"的发生过程。(5分)

(3) 结合材料第二段，如果你是老师，准备与一个考试焦虑的学生进行沟通，帮助他缓解焦虑，请写出你进行沟通交流的思路。(5分)

35. 阅读材料，并按要求回答问题。

世界上没有两片完全相同的树叶，老师面对的是一个个性格爱好、脾气秉性、兴趣特长、家庭情况、学习状况不一的学生，必须精心加以引导和培育，不能因为有的学生不讨自己喜欢、不对自己胃口就冷淡、排斥，更不能把学生分为三六九等。对所谓的"差生"甚至问题学生，老师更应该多一些理解和帮助。老师在学生心目中具有重要位置，老师无意间的一句话，可能造就一个天才，也可能毁灭一个天才。好老师一定会平等对待每一个学生，尊重学生的个性，理解学生的情感，包容学生的缺点和不足，善于发现每一个学生的长处和闪光点，让所有学生都成长为有用之才。

节选自《论教育：做党和人民满意的好老师》

请回答：

(1) 结合材料说明师德的主要表现。(3分)

(2) 结合材料，阐述因材施教与教育公平的关系。(6分)

(3) 在学校教育中，有的教师不善于发现学生的闪光点，经常否定学生。针对这种情况，请你给教师提出三条建议。(6分)

36. 阅读材料，并按要求回答问题。

莎莉文老师把我的手放在水流下，一股清凉的水流过指缝漏下去。这时，她在我另一只手上拼写着某个单词。一开始慢慢地写，后来加快了速度。我静静地站着，注意力全都放到她移动的手指上。突然间，我顿悟了，就像打了个激灵，一下子记起早已忘却的事情。我知道了"水"就是我手上流过的清凉的东西。

……

我感到奇怪。为什么莎莉文老师不把"爱"拿来让我摸一摸、感知一下呢？一两天之后，我在玩串珠子的游戏，思忖着我应该怎么重新安排这些珠子。这时候，莎莉文老师碰了碰我的额头，在我手上有力地写下"想"这个字。我灵光一闪，忽然明白："想"就是我脑子里正在进行的过程，这是我第一次接触抽象的概念。我一动不动地在那儿待了半天——并不是在考虑串珠子，而是在想能不能用这个新学的观念理解"爱"的意思……一瞬间，我明白了一个美好的道理。

节选自海伦·凯勒《假如给我三天光明》

请回答：

(1) 海伦对"爱"的理解过程可以体现知识迁移的何种类型？结合材料说明其中的三种。(5分)

(2) 结合材料，从知识理解的生成过程层面分析又聋又盲的海伦是如何学习的。(5分)

(3) 结合材料和所学知识，试述影响知识理解的因素。(5分)

绝密★启用前

# 全国硕士研究生招生考试

## 教育综合

（科目代码：333）

### 考生注意事项

1. 答题前，考生须在试题册指定位置上填写考生编号和考生姓名；在答题卡指定位置上填写报考单位、考生姓名和考生编号，并涂写考生编号信息点。

2. 考生须把试题册上的"试卷条形码"粘贴条取下，粘贴在答题卡的"试卷条形码粘贴位置"框中。不按规定粘贴条形码而影响评卷结果的，责任由考生自负。

3. 选择题的答案必须涂写在答题卡相应题号的选项上，非选择题的答案必须书写在答题卡指定位置的边框区域内。超出答题区域书写的答案无效；在草稿纸、试题册上答题无效。

4. 填（书）写部分必须使用黑色字迹签字笔书写，字迹工整、笔迹清楚；涂写部分必须使用2B铅笔填涂。

5. 考试结束，将答题卡和试题册按规定交回。

### （以下信息考生必须认真填写）

| 考生编号 | | | | | | | | | | | | | | |
|---|---|---|---|---|---|---|---|---|---|---|---|---|---|---|
| 考生姓名 | | | | | | | | | | | | | | |

*试卷条形码、考生注意事项及考生信息填写位置、大小等情况与实际考卷不同，此处呈现仅为提醒考生在考场上仔细阅读考试要求，认真填写信息！

# 333 教育综合模拟卷（四）

一、单项选择题：第1~30小题，每小题2分，共60分。下列每小题给出的四个选项中，只有一个选项是最符合题目要求的。

1. 以下关于非正规教育的说法，错误的是（    ）
   A. 非正规教育是无组织、无计划的教育活动，与正规教育形成对比
   B. 非正规教育难以保障教育的公平与质量
   C. 非正规教育需要政府的大力引导和规范
   D. 非正规教育对建设学习型社会具有重大的积极意义

2. 陈老师喜欢每周给班级出黑板报，她会将自己喜欢的书中的句子摘录出来放在黑板报中。某次考试后，陈老师发现许多同学的作文中都有引用自己在黑板报中写下的佳句。此事之后，她在做黑板报时会选择呈现更适合作为作文素材的句子。陈老师前后的做法体现的教育功能分别是（    ）
   A. 正向显性功能和正向隐性功能　　　B. 负向显性功能和正向显性功能
   C. 正向隐性功能和正向显性功能　　　D. 负向隐性功能和正向显性功能

3. 以下不属于教育的生态功能的是（    ）
   A. 教育能够引导建设生态文明的社会活动
   B. 教育能够促使生态系统承载能力不断提高
   C. 教育能够普及生态文明知识，提高民族素质
   D. 教育能够逐步在全社会牢固树立建设生态文明的理念

4. 有几十年教龄的张老师在一次教师分享会上感慨，教师职业不同以往了。以前在上课时，他觉得自己是教室中知识最丰富的人，现在却总有需要向学生请教的时候，比如视频如何播放、某同学口中的网络用语是什么意思等，这让他很不习惯，在课余时间也总想学习些什么。张老师的感慨最能体现的是（    ）
   A. 教育科学化　　　B. 教育制度化　　　C. 教育民主化　　　D. 教育全民化

5. "当我们看到野蛮的教育为了不确定的将来而牺牲现在，使孩子遭受各种各样的束缚，为了替他在遥远的地方准备我认为他永远也享受不到的所谓的幸福，就先把他弄得那么可怜时，我们心里是怎样想的呢?"此观点批判的是（    ）
   A. 教育准备生活说　B. 教育改造生活说　C. 教育适应生活说　D. 教育超越生活说

6. 学制是一个国家或地区各级各类学校的系统及其管理规则的总称。关于学制的类型，下列说法正确的是（    ）
   A. 分支型学制是世界上最先进的学制类型
   B. 双轨学制中自上而下的一轨的结构是大学—小学
   C. 双轨学制中自下而上的一轨的结构是小学—大学
   D. 单轨学制体现了教育的平等性

7. 某校教师在对《题西林壁》一课做集体备课时出现了意见分歧：杨老师认为课程重点应放在禅意十足的"只缘身在此山中"一句上，李老师则认为"横看成岭侧成峰"一句具有的现实意义更易被学生理解。这体现了古德莱德的课程分类中的（    ）
   A. 实行的课程　　　B. 领悟的课程　　　C. 理想的课程　　　D. 经验的课程

8. 刘老师在教授《穷人》的第二课时时，以三个问题贯穿整个课堂，分别是"本文中的哪些环境、人物动作等描写能反映出桑娜的心理感受？""课文标题是《穷人》，桑娜和渔夫真的是穷人吗？你怎么看？""本文中的环境描写非常优秀，你能模仿着写一个以景衬情的小故事吗？"根据布卢姆的教育目标分类学，刘老师在这节课中未涉及的认知目标是（    ）

    A. 分析            B. 理解            C. 创造            D. 评价

9. CIPP模式突出形成性评价和综合性评价的功能，几乎对课程开发的全程都可以评价。其中，在课程实施的学校里了解周边资源应属于（    ）

    A. 背景评价        B. 输入评价        C. 过程评价        D. 结果评价

10. 以下关于教学的说法，正确的是（    ）

    A. 教学是学校对学生进行教育的唯一途径

    B. 在学校情境下，教学与智育等同

    C. 教学主要指教师的上课环节，教师的备课不包含在其中

    D. 教学可以发展学生的智力、体力、能力和创造才能

11. 强调在教学过程中形成"相倚组织"的教学理论流派是（    ）

    A. 人本主义教学理论   B. 行为主义教学理论   C. 社会互动教学理论   D. 认知主义教学理论

12. 某班级在学习《桃花源记》时采用了这样的方法：一位同学负责读旁白，一位同学扮演渔人，其他几位同学分别扮演在村中生活的男女老少，他们通过表情与对话共同还原了《桃花源记》中的奇遇。表演完毕后，老师让剩下的同学发表自己的感想，并做了最终的总结。这节课上没有用到的教学方法是（    ）

    A. 演示法          B. 谈话法          C. 角色扮演法      D. 情境模拟法

13. 三年级的小林平时爱看电视。某天，电视里放映了这样一则公益广告：一个小男孩在看见了妈妈给外婆洗脚后，也端着一盆水要给妈妈洗脚，妈妈露出了欣慰的微笑。于是，小林晚上也学着小男孩的样子给妈妈端水洗脚。小林的行为体现的德育模式是（    ）

    A. 体谅模式        B. 道德认知发展模式   C. 社会行动模式    D. 社会学习模式

14. "爱之愈深，求之愈严"与"教者因人才之不齐，而教之多术"分别体现的德育原则是（    ）

    ①严慈相济原则    ②长善救失原则    ③知行统一原则    ④因材施教原则

    A. ①②            B. ①④            C. ②③            D. ③④

15. 某师范类高校与隔壁中学结为合作伙伴关系，此高校的在读学生每学期都要去中学旁听与自己所学专业相关的课程，累计不少于10节，计入实践学分。这里体现的教师专业发展途径是（    ）

    A. 完善师范教育培养体系            B. 形成教师教育网络联盟

    C. 形成新老教师的"青蓝工程"       D. 开展校本培训

16. 《学记》中记载了有关考试要求的内容，其中第五学年考查（    ）

    A. 敬业乐群        B. 博习亲师        C. 论学取友        D. 离经辨志

17. 隋唐时期，韩愈建议调整招生制度，稍微放宽入学的等级限制，主张文武五品之子放宽为八品之子可进入的学校，最有可能是（    ）

    A. 崇文馆          B. 国子学          C. 太学            D. 四门学

18. 颜之推认为，士大夫的教育目的就是要培养统治人才，而统治人才必须具备的素质是（    ）

    A. "正其谊（义）不谋其利，明其道不计其功"   B. "德艺周厚"

    C. "兼相爱，交相利"                          D. "富贵不能淫，贫贱不能移，威武不能屈"

19. 关于我国近代创办的学堂，以下说法对应错误的是（    ）

   A. 近代第一所新式学堂——京师同文馆
   B. 近代第一所国立大学——京师大学堂
   C. 近代第一所国人自办的女子学堂——宁波女塾
   D. 近代洋务运动办学最久的学堂——福建船政学堂

20. 黄炎培于1913年在《教育杂志》上发表了《学校教育采用实用主义之商榷》，这里的"学校教育"指的是（    ）

   A. 职业教育　　　B. 普通教育　　　C. 乡村教育　　　D. 生活教育

21. 中世纪时期，一位接受家庭教育的18岁贵族青年最有可能正在学习的是（    ）

   A. 宗教与健康知识　　B. 文法与修辞　　C. 游泳与打猎　　D. 行为规范及军事训练

22. 对比马丁·路德与加尔文的教育观可知（    ）

   A. 前者认为可以体罚，后者要求废除体罚
   B. 前者更加重视宗教性，后者更加重视世俗性
   C. 前者认为教会高于国家，后者认为将教育完全交由国家
   D. 前者主张国家实行强制义务教育，后者亲自领导了免费教育

23. 19世纪英国盛行的导生制主要在（    ）实施。

   A. 初等教育　　　B. 中等教育　　　C. 高等教育　　　D. 职业教育

24. （    ）虽未实施，却指引了法国民主化和现代化发展的方向，并被誉为法国教育史的"第二次革命"。

   A.《费里法案》　　　　　　　　　　B.《关于统一学校教育事业的修正协定》
   C.《郎之万—瓦隆教育改革方案》　　　D.《法国学校体制现代化建议》

25. 在裴斯泰洛齐的教育实践活动中，教育与生产劳动相结合的成功实践发生在哪一时期？（    ）

   A. "新庄"时期　　　　　　　　　B. 斯坦兹孤儿院时期
   C. 布格多夫国民学校时期　　　　　D. 伊佛东学校时期

26. 根据艾里克森的心理社会发展理论，5岁孩子想按照自己的想法搭积木，教育者应帮助他形成（    ）

   A. 信任感　　　B. 自主感　　　C. 主动感　　　D. 胜任感

27. 在各种学习理论流派里，主张教师不做任何指导，只提供资源、营造气氛的是（    ）

   A. 人本主义　　B. 认知主义　　C. 建构主义　　D. 行为主义

28. 甜甜有过一次在全班同学面前唱歌跑调的经历，于是她下定决心努力练习唱歌，就是为了不在全班同学面前出糗。根据学习动机的自我决定理论，这属于外部动机中的（    ）

   A. 外部调节　　B. 内摄调节　　C. 认同调节　　D. 整合调节

29. 关于操作技能与心智技能，以下说法正确的是（    ）

   A. 写作需要动用手部肌肉，因此属于操作技能
   B. 运用操作技能时，心智技能无须参与
   C. 与楷书相比，省略动作的草书是心智技能
   D. 心智技能常常是在操作技能的基础上形成的

30. 教师在讲授杜甫的《茅屋为秋风所破歌》时，生动地描绘了作者的茅屋被秋风所破以致全家遭雨淋的痛苦经历。该教师运用的道德情感培养方法是（    ）

   A. 表情识别　　B. 情境理解　　C. 情绪追忆　　D. 角色扮演

## 二、论述题：第31~32小题，每小题15分，共30分。

31. 春秋战国时期是一个私学发展的时代，也是一个百家争鸣的时代。请从人性论、教育目的、教育内容三个角度论述孟子、荀子、墨子对孔子教育思想的看法。

32. 16世纪宗教改革的洪流中，马丁·路德提出了义务教育思想，形成了义务教育思潮，之后17—19世纪的历史进程里，西方各国都先后开始实施义务教育制度。试论英、法、德、美四国的义务教育的开端，并说明近代义务教育发展的趋势。

## 三、材料分析题：第33~36小题，每小题15分，共60分。

33. 阅读材料，并按要求回答问题。

2021年7月，中共中央办公厅、国务院办公厅印发了《关于进一步减轻义务教育阶段学生作业负担和校外培训负担的意见》（以下简称"双减"）。"双减"要求减轻中小学生的课业负担，其根本目的是要让教育回归本源，使学生享受到真正有质量的教育，让学生健康全面发展。"双减"更是为了确保每个学生都能在公平的环境中接受教育，从而促进社会公平正义的实现，而且随着智能化时代的来临，更需要提高国家的创新能力。

教育部推进"双减"的同时，又在做教育的"增加"。2021年，教育部提出的"双增"主要包含两个方面：一方面是指增加学生参加体育、艺术、运动的机会，另一方面是增加学生在体育、音乐、美术等学科的学习时间。2023年，教育部提出"科学教育加法"，指在"双减"政策背景下，通过增加科学教育的内容和形式，提升学生科学素养和创新能力的一种教育理念和实践方法。

请回答：

(1) 根据材料，从教育与人发展关系的角度论述"双减"实施的原因。(5分)

(2) 根据材料，从教育与社会发展关系的角度论述"双减"实施的原因。(5分)

(3) 从全面发展教育的角度，分析"双减"政策后提出做教育"增加"的现实意义。(5分)

34. 阅读材料，并按要求回答问题。

材料1：德国心理学家艾宾浩斯最早研究了遗忘的发展进程。他发现，遗忘的过程最初发展得很快，以后逐渐缓慢。例如，在学习20分钟之后遗忘就达到了41.8%，而在31天之后遗忘仅达到78.9%。为什么在艾宾浩斯的记忆研究中遗忘会发生得如此之快呢？这仅仅是由于时间间隔造成的吗？事实上，除了时间的因素之外，当记忆材料没有意义时，它们难以和已有的记忆产生联系而得到巩固；而且艾宾浩斯在实验中记忆了许多无意义音节词表，这些词表之间相互干扰也是造成迅速遗忘的一个原因。

材料2：安德伍德在实验中，要求两组被试学习字表：第一组被试在学习前进行了大量类似的学习和练习，第二组被试没有进行这种练习。结果表明，第一组被试只记住了字表的25%，而第二组被试记住了70%。

材料3：学生在学习中经常会遇到这样的问题：在考试时，由于过分紧张，致使一些学过的内容怎么也想不起来。

请回答：

(1) 总结以上三则材料反映的影响学生遗忘的因素。(5分)

(2)《关于全面深化课程改革 落实立德树人根本任务的意见》（以下简称《指导意见》）中指出："要避免有的学科客观存在的一些内容脱节、交叉、错位的现象……进一步提炼和精选学生全面发展和终身发展必备的、最基本的知识内容，做到容量适当、难易适度，避免内容偏多、偏深。"结合三个学习理论，分析该《指导意见》的价值。(5分)

(3) 张老师是一名语文教师，他的学生总是背不下来或者背错古诗词，请你就改进学生背诵的问题给张老师提出建议。(5分)

35. 阅读材料，并按要求回答问题。

王老师要上的这节课是"平行四边形的面积"。上课时，她先是在黑板上贴了一大张方格纸，上面贴着一个平行四边形和一个长方形，和教材上的图片一样。王老师告诉同学们，这两个看上去毫无联系的图形其实有着一样的面积，不信的话，同学们可以自己循着方格数一数。同学们带着疑问数完，发现真是一样的。就在大家又疑惑又惊讶的时候，王老师说："大家一定很奇怪老师是怎么一眼看出他们的面积一样的，别着急，今天我们就来讨论这个问题——如何快速求得平行四边形的面积。"随后，王老师让同学们观察这两个图形的共同点，同学们可以随时举手发言，不必担心答错。没用多久就有同学发现了重点：将平行四边形裁剪后，很容易发现它们的长和宽分别相等。

王老师点点头，又在方格纸上随手画了两个平行四边形，它们的长和宽与之前的图形明显不同，然后她对同学们说，这两个图形的面积与前面图形的面积一样，大家可以继续用数方格的方式得到它们的面积。同学们数完发现，果然一样！经过了一番讨论后，同学们终于发现，将这几个图形的底和高相乘，得到的结果是一样的。王老师表扬了大家的发现，将最终得出的公式"$S=a·h$"写到了黑板上，并据此画了几个图形，要求学生快速计算它们的面积。课程的最后，她要求大家课后画出三组平行四边形，每组的面积一致但形状不同。第二天由课代表收齐后交给老师，王老师及时进行了批改，在上课前把作业发还给同学们。

请回答：

（1）简要说明王老师采用的教学模式及具体步骤。(5分)

（2）分析材料中王老师布置的作业有何优势。(6分)

（3）材料中体现的教学原则有哪些？(4分)

36. 阅读材料，并按要求回答问题。

《学会说"不"》的教学活动设计如下：

王老师希望学生学会分辨什么时候说"不"、说"不"的重要性以及如何说"不"。

王老师讲述了一个关于小明在学校遇到同学要求他帮忙作弊的故事。小明很纠结，一方面他不想得罪同学，另一方面他又知道作弊是不对的。教师提问：如果你是小明，你会怎么做？为什么？然后要求学生分组讨论，其中第三组的讨论片段如下：

学生A："我要是小明，我就帮他作弊，不然同学会生气，以后可能都不跟我玩了。"

学生B："可是作弊不对呀，被老师发现会受惩罚的。"

学生A："那我偷偷帮他，老师应该发现不了。我觉得还是同学关系更重要，要是不帮他，他会觉得我不够朋友。"

学生C："我不会帮他作弊，作弊是不诚实的行为，会违反学校的规定，我们应该遵守规则。"

学生D："对，要是大家都作弊，那考试还有什么意义呢？我们要靠自己的真本事考试。"

学生E："我觉得不能简单地说帮还是不帮。如果同学是真的有困难，比如他因为生病耽误了学习，那我可以在考试后帮他复习，而不是在考试时帮他作弊。但如果他就是想偷懒，那我肯定不会帮，我会跟他说清楚作弊的坏处，劝他自己努力。"

学生F："我同意，我们要考虑到长远的影响。作弊可能会让他在这次考试中得到一个好成绩，但对他的学习和成长没有好处，我们应该引导他走正确的路。而且如果我们帮他作弊，也对其他认真学习的同学不公平。"

……

最后，各组学生经过讨论，一致认为学会说"不"是一种重要的能力。

有的小组通过讨论找到了直接拒绝、书面拒绝、同学转达、师长帮助等方法；有的小组研读教材，结合生活经验，梳理概括出"三步法"：平和拒绝、说明理由、提出建议；有的小组通过角色扮演，提出了"三'说'法"，即说感受、说想法、说需求……学生在真诚包容的学习环境中利用资源互相启发，在协作中完成学习任务，实现认知结构的优化。

王老师惊喜地发现，学生说"不"的技巧真多啊，且都很实用，这比自己讲授的教学效果精彩多了。

请回答：

(1) 根据科尔伯格的道德发展阶段理论，结合学生 A、B、C、D、E、F 对于"帮忙作弊"问题的回答，分析他们所处的道德发展阶段。(6分)

(2) 试分析建构主义学习理论在这节课里的应用。(4分)

(3) 根据《学会说"不"》的课堂教学过程，分析其教学模式，并写出四至五个问题帮助学生深入讨论。(5分)

绝密★启用前

# 全国硕士研究生招生考试
# 教育综合

（科目代码：333）

### 考生注意事项

1. 答题前，考生须在试题册指定位置上填写考生编号和考生姓名；在答题卡指定位置上填写报考单位、考生姓名和考生编号，并涂写考生编号信息点。

2. 考生须把试题册上的"试卷条形码"粘贴条取下，粘贴在答题卡的"试卷条形码粘贴位置"框中。不按规定粘贴条形码而影响评卷结果的，责任由考生自负。

3. 选择题的答案必须涂写在答题卡相应题号的选项上，非选择题的答案必须书写在答题卡指定位置的边框区域内。超出答题区域书写的答案无效；在草稿纸、试题册上答题无效。

4. 填（书）写部分必须使用黑色字迹签字笔书写，字迹工整、笔迹清楚；涂写部分必须使用2B铅笔填涂。

5. 考试结束，将答题卡和试题册按规定交回。

### （以下信息考生必须认真填写）

| 考生编号 | | | | | | | | | | | | | | | |
|---|---|---|---|---|---|---|---|---|---|---|---|---|---|---|---|
| 考生姓名 | | | | | | | | | | | | | | | |

*试卷条形码、考生注意事项及考生信息填写位置、大小等情况与实际考卷不同，此处呈现仅为提醒考生在考场上仔细阅读考试要求，认真填写信息！

# 333教育综合模拟卷（五）

一、单项选择题：第1~30小题，每小题2分，共60分。下列每小题给出的四个选项中，只有一个选项是最符合题目要求的。

1. 有位作者认为："我把'教育'这个词只用来表示保存某些社会文化，维持某种社会制度的活动。"根据谢弗勒对教育定义的分类，这种说法属于（  ）
   A. 规定性定义+描述性定义     B. 纲领性定义+规定性定义
   C. 纲领性定义+描述性定义     D. 功能性定义+纲领性定义

2. 小丁不怎么懂得拒绝别人。有一天，小丁和爸爸正高兴地打着羽毛球，小红过来说也要玩。小丁把球拍让给了小红，可是一脸不情愿的样子。回家的路上，爸爸对小丁说："你如果还想玩，可以对小红说，我再玩一会儿就给你。"这一案例说明家庭教育的特点是（  ）
   A. 家庭教育是培育人才的起点和基石     B. 家庭教育具有相机而教的特点
   C. 父母应该给孩子高质量的陪伴         D. 家庭教育具有很强的情感性

3. 2019年，中阿双方正式启动阿联酋中文教学"百校项目"。目前，阿联酋已有171所学校开设中文课程，7.1万名学生学习中文。示范校学生代表用中文致信习近平主席，表达了他们对中国文化的向往和热爱。这体现了（  ）
   A. 教育全民化     B. 教育国际化     C. 教育现代化     D. 教育信息化

4. "教化立而奸邪皆止者，其堤防完也；教化废而奸邪并出，刑罚不能胜者，其堤防坏也。""建国君民，教化为先。"这两句话体现了教育的（  ）
   A. 经济功能     B. 科技功能     C. 政治功能     D. 文化功能

5. 以下关于影响人身心发展的因素，对应不正确的是（  ）
   A. 虎父无犬子——遗传              B. 人定胜天——主观能动性
   C. 出淤泥而不染——环境            D. 人生百年，立于幼学——学校教育

6. 关于全面发展教育与素质教育的关系，以下说法错误的是（  ）
   A. 全面发展教育与素质教育二者本质相通     B. 全面发展教育是素质教育的基础和保障
   C. 素质教育是全面发展教育之外的新教育理念 D. 素质教育是全面发展教育的继承和深化

7. 关于我国学制，以下说法正确的是（  ）
   A. 我国学校教育制度不包括学前教育     B. 我国普通教育不包括高等教育
   C. 我国基础教育不包括普通高中教育     D. 我国义务教育不包括普通高中教育

8. 北京师范大学的校训"学为人师、行为世范"十分精炼地诠释了"师范"的意义，勉励师生"所学要为世人之师，所行应为世人之范"。这属于一种（  ）
   A. 隐性课程     B. 活动课程     C. 综合课程     D. 国家课程

9. "语文教学要进行思想教育。思想教育要依据语文学科的特点，在语文教学过程中进行。在语文教学中，潜藏着丰富的道德因素，它不仅传递学科知识，更关注道德与人格的养成。"这要求教师在教学时必须处理好（  ）
   A. 间接经验与直接经验的关系     B. 掌握知识与培养思想品德的关系
   C. 掌握知识与提高能力的关系     D. 教学方式与教学内容的关系

10. 以下古文与教学原则对应错误的是（　　）

    A. "教师之为教，不在全盘授予，而在相机诱导"——直观性原则

    B. "温故而知新，可以为师矣"——巩固性原则

    C. "深其深，浅其浅，益其益，尊其尊"——量力性原则

    D. "纸上得来终觉浅，绝知此事要躬行"——理论联系实际原则

11. 王老师在课堂上提出"如果你的朋友在考试中作弊，你会如何做？"的问题情境，组织全班学生自由发言。在教师的引导下，学生自由选择做法，在思考讨论中，学生逐渐厘清了友情与诚实的关系的价值取向。这体现的德育模式是（　　）

    A. 价值澄清模式　　B. 社会学习模式　　C. 集体教育模式　　D. 体谅模式

12. 为了让学生对国家航天事业的发展历程有更深的了解，对"特别能吃苦、特别能战斗、特别能攻关、特别能奉献"的航天精神有更加直观的感受，引导学生厚植爱国主义情怀，某中学组织全体学生观看了神州十七号航天员乘组返回直播，与全国人民一起迎接英雄的回归。在对学生的教育中，该中学运用的德育方法是（　　）

    A. 榜样示范法与情境陶冶法　　　　B. 情境陶冶法与品德评价法

    C. 参观法法与榜样示范法　　　　　D. 参观法与情境陶冶法

13. 某中学推进书香班级、书香校园建设，向学生推荐阅读书目，调动学生阅读积极性，提倡学生每天课外阅读至少1小时。这体现了（　　）

    A. 课程育人　　B. 文化育人　　C. 管理育人　　D. 教学育人

14. 走班制学生依据自己的课表进入不同班级听课，这是对传统的以班级为单位的行政班授课制的重大突破。从本质上说，这遵从了学生身心发展的（　　）

    A. 阶段性　　B. 差异性　　C. 不平衡性　　D. 顺序性

15. 李老师以爱护学生为由，擅自拆开学生的私人信件。课堂上，王老师点名让忘带作业的学生回家拿作业。这些行为（　　）

    A. 正确，教师有关心、爱护和尊重学生的义务　　B. 错误，教师侵犯了学生的隐私权和受教育权

    C. 正确，教师有评定学生的学业成绩的权利　　　D. 错误，教师侵犯了学生的生存权和名誉权

16. 以下属于孔子"理论联系实际"主张的是（　　）

    A. "中人以上，可以语上也；中人以下，不可以语上也"

    B. "君子耻其言而过其行……君子欲讷于言而敏于行"

    C. "不愤不启，不悱不发。举一隅不以三隅反，则不复也"

    D. "见之不若知之，知之不若行之"

17. 下列有关北宋三次兴学的内容，正确的是（　　）

    A. 按顺序，改革者依次为范仲淹、蔡京、王安石

    B. "庆历兴学"——由学校取士、创设画学

    C. "崇宁兴学"——创建太学、罢帖经和墨义

    D. "熙宁兴学"——创"三舍法"、颁《三经新义》

18. 王守仁以给幼苗浇水为例，认为"若些小萌芽，有一桶水在，尽要倾上，便浸坏他了"，这是有害无益的。由此他提出了（　　）

    A. "学而必习，习又必行"　　　　B. 学思"相资以为功"

    C. "随人分限所及"　　　　　　　D. "以仁安人，以义正我"

19. 小明参加某主题讨论前,搜集到一份19世纪70年代的资料,上面写着:"具结人詹兴洪今与具结事,兹有子天佑,情愿送赴宪局带往花旗国肄业,学习机艺回来之日,听从中国差遣,不得在外国逗留生理。"小明参加讨论的主题最有可能是（    ）

    A. 学生留美        B. 学生留欧        C. 学生留日        D. 学生留法

20. 陶行知以种田为例指出:"种田这件事要在田里做,就要在田里学,也要在田里教。"他的教学主张中与此相呼应的是（    ）

    A. "事怎样教便怎样学,怎样学便怎样做"        B. "从做中学"

    C. "做中教、做中学、做中求进步"        D. "教学做合一"

21. 为迎合新兴市民阶层要求,培养手工业、商业人才,打破教会对学校教育事业独占权的一类学校是（    ）

    A. 城市学校        B. 文法学校        C. 实科学校        D. 世俗学校

22. 20世纪20年代英国颁布的《哈多报告》,被视为现代英国教育发展的里程碑之一。其意义不包括（    ）

    A. 以11岁考试分流突出考试的公平性

    B. 满足社会上不同阶层对中等教育的需要

    C. 国家阐明中等教育面向全体儿童的思想

    D. 该报告促进了未来综合中学的发展

23. 洛克主张绅士教育,以下与他的观点相悖的是（    ）

    A. 要忍耐劳苦,不要娇生惯养        B. 健康之身体寓于健康之精神

    C. 德行居第一位,学问居第二位        D. 礼仪能够使美德焕发出光彩

24. 赫尔巴特提出"教育性教学原则",以下选项符合"教育性教学原则"的是（    ）

    A. 有用的国家公民,是一切教育的目的

    B. 什么知识最有价值,一致的答案就是科学

    C. 教学如果没有进行道德教育,只是一种没有目的的手段

    D. 教育是对某个经验情境中的问题进行反复、严肃、持续的思考

25. 某校将全校学生一分为二,一部分在教室上课,另一部分在体育运动场、图书馆、工厂和商店、礼堂等场所活动,上下午对调。这种教育实验是（    ）

    A. 昆西教学法        B. 葛雷制        C. 道尔顿制        D. 设计教学法

26. 以下哪种情况发生了学习？（    ）

    A. 膝跳反应        B. 公鸡打鸣        C. 吮吸反应        D. 猴子行礼

27. 根据马斯洛的需要层次理论,以下说法错误的是（    ）

    A. 生理需要是所有层次中最高级的需要,必须首先满足

    B. 一般来说,满足较低级的需要之后才能追求较高级的需要

    C. 现实生活中,学生在学校里最重要的缺失需要是爱和尊重

    D. 满足缺失需要使人能够生存,满足成长需要使人享受生活

28. 小强利用数学课上所学的知识设计校报的版式。从迁移发生的自动化程度来看,这种迁移属于（    ）

    A. 顺向迁移        B. 特殊迁移        C. 低通路迁移        D. 高通路迁移

29. 研究者在进行实验研究时,经常会自我反问:"我们是否按照已有计划进行问题解决？我们正逐步接近目标吗？哪些措施没有在实验中起作用？"该研究者运用的学习策略是（    ）

    A. 精细加工策略        B. 组织策略        C. 努力管理策略        D. 元认知策略

30. 根据卡特尔的智力理论分类，长辈常对晚辈说："我走过的桥比你走过的路还多。"其中暗指的智力类型是（ ）

　　A. 语言智力　　　　B. 内省智力　　　　C. 流体智力　　　　D. 晶体智力

二、论述题：第31~32小题，每小题15分，共30分。

31. 新文化运动时期，美国著名教育家杜威来到中国。两年后，他离开时，胡适写道："我们可以说，自从中国与西洋文化接触以来，没有一个外国学者在中国思想界的影响有杜威先生这样大的。我们还可以说，在最近的将来几十年中，也未必有别个西洋学者在中国的影响可以比杜威先生还大的。"请从教育制度、教育思想和教育实践三个角度，论述杜威的教育思想对民国时期的中国教育发展的影响。

32. 论述文艺复兴时期的人文主义教育、新教教育和天主教教育之间的联系、区别与影响。

三、材料分析题：第33~36小题，每小题15分，共60分。

33. 阅读材料，并按要求回答问题。

一位高一的学生在看图作文中这样写道：

今天看到这样一幅漫画，一群动物在参加考试，考试内容是爬上一棵大树，我认为这里的考试标准是不合理的。这里的标准对于这群动物来说不公平。它们各有所长，各有所短。

对于猴子来说，爬树轻而易举，是因为爬树是它的生存技能，是它的天赋；但对于有些动物来说，爬树是永远都爬不上的，如小鱼。小鱼生活在水中，脱离了水，那就是致命的，它也不可能为了考试，连命都不要。这无疑是可笑的。小鸟也不需要爬，它可以直接飞到树顶。考试标准不能适用于所有动物，这就体现出考试标准的局限性。

这场考试的目的是选拔人才，但因不能展现出其他弱势群体的隐藏天赋，这场考试也是在摧毁人才。遥想古代考试的"四书五经"，僵化的考试标准限制了人们的思想，成为读书人迸发奇思妙想的精神枷锁。这让我想起在生活中的例子，奥运会也开办了残奥会，残疾人也能参加比赛，实现自己的金牌梦，这就是打破统一标准的限制，从而实现了更大的公平。

最后，我希望每个教育者都能从这幅漫画中得到启示，要实现教育公平，莫用统一的标准去定义人才。

请回答：

（1）分析材料中的考试标准不合理的原因。（5分）

（2）运用教育学原理的有关知识，分析用统一标准定义人才的弊端。（5分）

（3）请以材料中提到的古代"四书五经"考试标准的局限性和现代残奥会打破统一标准实现公平的例子为基础，分析教育评价标准应如何与时俱进，以适应不同类型人才的发展需求。（5分）

34. 阅读材料，并按要求回答问题。

习近平总书记指出，要在教育"双减"中做好科学教育加法。教育部等十八部门联合印发《关于加强新时代中小学科学教育工作的意见》，明确提出"科学教育要基于探究实践，培养学生科学兴趣，提升科学素质，努力在孩子心中种下科学的种子，引导孩子编织当科学家的梦想"。

目前，很多学校非常重视STEM课程，认为这是促进科学教育的王牌课程。该课程通过创设情境、发现问题来引起学生的注意力，而一旦吸引了学生的注意力，实际上也就激发了学生的求知欲。之后教师会指导学生探究实践，这一步是促进学生思考方案、重组知识，甚至为了解决问题，而及时地补充新知识，促进新知识的理解、巩固和记忆，然后再回到探索过程，促进更多相关知识的重组、编码，有时也会巧妙地转化、迁移知识，甚至改造方案，达到问题解决的目的。

请回答：

(1) 结合材料说明STEM课程中科学探究的步骤与对应的心理过程。(5分)

(2) 请从三个认知主义理论出发，分析科学知识的学习过程。(5分)

(3)《义务教育科学课程标准（2022版）》中规定了科学课的核心素养，主要体现在科学观念、科学思维、探究实践、态度责任四个方面，这些是科学课程育人价值的集中体现。请以"浮与沉"为主题，设计一个科学课程的教学过程环节，并体现上述四种素养。(5分)

35. 阅读材料，并按要求回答问题。

### 无法预约的精彩

课堂上，李老师正按照备课计划讲《鹬蚌相争》这篇课文，突然有学生举手发言："老师，我觉得课文有问题，你看，书上写鹬威胁蚌说：'你不松开壳就等着瞧吧。今天不下雨，明天不下雨，没有了水，你就会干死在这河滩上！'你想呀，鹬的嘴正被蚌夹着呢，怎么可能说话呀？"受此启发，其他同学也认为蚌不能对鹬说："我就夹住你的嘴巴不放，今天拔不出来，明天拔不出来，你也会饿死在这河滩上！"因为蚌一开口，鹬就趁机拔出嘴巴逃走了。

李老师暂停了讲课，鼓励学生谈谈自己对这个问题的看法。同学们纷纷发表意见：有的认为课文这样写的确不妥；有的认为课文是根据古文改编的，没有什么问题；有的反对说，改编也要古为今用，不正确的要修正；有的认为课文是寓言，是在借这个故事说明道理，这么写没什么问题；有的坚持认为，尽管是寓言，也要符合实际，比如总不能说鹬夹住蚌的嘴巴吧。

最后，李老师鼓励学生把课文改一改，并给编辑叔叔写一封信。下面是其中一个小组写给编辑叔叔的建议：鹬用尽力气，还是拔不出来，便狠狠瞪了蚌一眼，心想，"哼，等着瞧吧，今天不下雨，明天不下雨，你就干死在这河滩上吧。"蚌好像看透了鹬的心思，得意洋洋地想，"哼，我就夹住你的嘴巴不放，今天拔不出来，明天拔不出来，吃不到东西，你就会饿死在这河滩上！"

请回答：

(1) 请结合教学方法、教学内容、教学过程的相关知识评价这堂语文课。(6分)

(2) 从古德莱德的课程分类的角度分析这堂语文课。(5分)

(3) 从师生关系的角度谈谈教师如何在课堂上进行启发式教学。(4分)

36. 阅读材料，并按要求回答问题。

杭州某知名小学的一年级学生桃桃，连续一周哭闹着不肯上学，她的妈妈一开始以为是天冷了女儿想偷懒，后来觉得没那么简单，再三追问下，性格内向的女儿才吐出实情："数学不好，不想上学，我怕妈妈和老师批评，使劲学都学不会！"

桃桃的妈妈是杭州一位医学博士，平时带的是研究生，女儿的话让她着急了。等女儿睡着之后，这位妈妈翻出女儿的数学书和练习册，自己做了一些练习题，再联系女儿的反馈，以医生望闻问切的职业习惯，为女儿的厌学把脉。

从作业本看，桃桃妈妈觉得女儿"厌学"的原因主要有两个：一是女儿完全的零起点，导致识字量很少，看题如同看天书。比如题目中有"数一数"填一填"，"数"和"填"两个字她都不认识，影响了解读题目的能力。二是老师每天都会布置所谓的"聪明题"，比较难，这是严重打击女儿学习数学信心的"大杀器"。妈妈认为，这些"聪明题"的题型都很绕，即使是大人来做，也必须熟悉这种出题思路和语境，不然真的会反应不过来。

这位妈妈说，女儿上小学前属于"放养"的，没上过什么辅导班。但女儿上小学后，她很快发现差距，也很努力地和女儿一起学习，推掉了几乎所有下班后的应酬，每晚保证至少2小时陪女儿学习，哪知道依然会出现这样的结果。

请回答：

（1）根据材料中桃桃妈妈对女儿"厌学"原因的分析，简要说明现阶段一年级教学存在的问题。（4分）

（2）根据材料，从学习理论和动机理论角度分析桃桃不愿上学的原因。（6分）

（3）依据最近发展区理论，以桃桃目前的识字水平为基础，为桃桃设计两道数学题目，并说明设计思路。（5分）

绝密★启用前

# 全国硕士研究生招生考试

## 教育综合

（科目代码：333）

### 考生注意事项

1. 答题前，考生须在试题册指定位置上填写考生编号和考生姓名；在答题卡指定位置上填写报考单位、考生姓名和考生编号，并涂写考生编号信息点。
2. 考生须把试题册上的"试卷条形码"粘贴条取下，粘贴在答题卡的"试卷条形码粘贴位置"框中。不按规定粘贴条形码而影响评卷结果的，责任由考生自负。
3. 选择题的答案必须涂写在答题卡相应题号的选项上，非选择题的答案必须书写在答题卡指定位置的边框区域内。超出答题区域书写的答案无效；在草稿纸、试题册上答题无效。
4. 填（书）写部分必须使用黑色字迹签字笔书写，字迹工整、笔迹清楚；涂写部分必须使用 2B 铅笔填涂。
5. 考试结束，将答题卡和试题册按规定交回。

（以下信息考生必须认真填写）

| 考生编号 | | | | | | | | | | | | | | |
|---|---|---|---|---|---|---|---|---|---|---|---|---|---|---|
| 考生姓名 | | | | | | | | | | | | | | |

＊试卷条形码、考生注意事项及考生信息填写位置、大小等情况与实际考卷不同，此处呈现仅为提醒考生在考场上仔细阅读考试要求，认真填写信息！

# 333教育综合模拟卷（六）

一、单项选择题：第1~30小题，每小题2分，共60分。下列每小题给出的四个选项中，只有一个选项是最符合题目要求的。

1. 陶行知说："教育就像喂鸡一样。先生强迫学生去学习，把知识硬灌给他，他是不情愿学的。即使学也是食而不化，过不了多久，他还是会把知识还给先生的。"根据教育的陈述类型，这种表达属于（　　）
   A. 教育术语　　　　B. 教育隐喻　　　　C. 教育概念　　　　D. 教育口号

2. 1958年，受苏联卫星上天影响，美国颁布《国防教育法》以提高教育质量和培养科技人才，其颁布与实施使得美国教育能够适应现代科学技术的发展并满足国际竞争的需要。以上没有体现出来的教育功能是（　　）
   A. 正向功能　　　　B. 显性功能　　　　C. 隐性功能　　　　D. 社会发展功能

3. 习近平总书记在主持中央政治局第五次集体学习时强调："（　　）是我国开辟教育发展新赛道和塑造教育发展新优势的重要突破口。进一步推进（　　）教育，为个性化学习、终身学习、扩大优质教育资源覆盖面和教育现代化提供有效支撑。"
   A. 教育数字化；数字　B. 教育现代化；个性　C. 教育国际化；国际　D. 教育终身化；终身

4. 下列教育思想属于内发论的是（　　）
   A. "素丝说"　　　　B. "学习即回忆"　　C. "白板说"　　　　D. "化性起伪"

5. 以下体现教育对人身心发展影响的是（　　）
   ① "近朱者赤，近墨者黑"
   ② "卒之为众人，则其受于人者不至也"
   ③ "玉不琢，不成器"
   ④ "仲永生五年，未尝识书具，忽啼求之。父异焉，借旁近与之，即书诗四句，并自为其名"
   A. ①③　　　　　　B. ②③　　　　　　C. ③④　　　　　　D. ②④

6. 马克思主义关于人的全面发展学说是在继承和发展历史上有关理论基础上的新的探索和科学概括。下列关于这一学说的说法错误的是（　　）
   A. 社会主义制度的建立为人的全面发展拓宽了道路
   B. 马克思主义关于人的全面发展学说为我国教育目的的确立提供了依据
   C. 人的全面发展是个性的充分发展，属于个人本位论
   D. 追求人的全面发展与实现人的自由发展必须和谐统一

7. 北京师范大学的校训"学为人师、行为世范"体现的教育目的层次结构是（　　）
   A. 教育目的　　　　B. 培养目标　　　　C. 课程目标　　　　D. 教学目标

8. 以下关于终身教育的说法，不正确的是（　　）
   A. 在教育形式上，终身教育既包括正规教育，也包括非正规教育
   B. 在教育对象上，终身教育主张教育的全民化与民主化
   C. 在教育内容上，终身教育的内容是职业性的，满足求职的需要
   D. 在教育时间上，终身教育不是基础教育的延续和发展

9. 李老师在讲解杜牧《秋夕》一课中，学生在学到"天阶夜色凉如水，卧看牵牛织女星"这句古诗时，对牛郎星和织女星产生了兴趣。李老师便问学生：怎样找到牵牛星和织女星？它们两个又属于哪个星座呢？这些问题引发了学生们的热烈讨论。这涉及的课程类型有（　　）

①理想的课程　②正式的课程　③领悟的课程　④实行的课程　⑤经验的课程

A. ①②③　　　　B. ②③④　　　　C. ③④⑤　　　　D. ②④⑤

10. 李明同学在读过《庆余年》小说后，能对文中人物的性格、隐藏身份以及人物之间的关系做出总结。根据布卢姆的教育目标分类学，李明所达到的认知目标层次是（　　）

A. 评价　　　　B. 分析　　　　C. 应用　　　　D. 创造

11. 在物理教学中，林老师把"自由落体"现象作为一个课题，从中引出关于质量、能量守恒、惯性和万有引力等概念和规律。林老师采用的教学模式是（　　）

A. 暗示教学模式　　　　　　　B. 掌握学习教学模式
C. 范例教学模式　　　　　　　D. 项目探究教学模式

12. 在小组合作学习中，以下哪种方法最能调动优秀生帮助学困生进步？（　　）

A. 以全组提高分（即前后两次成绩的提高分数）的总和的平均值作为小组学习成绩

B. 对比两个组的平均分

C. 各组之间开展一对一的学习竞赛，根据胜负场次对各组成绩进行排名

D. 各组各自合作完成一份作业，据此评定各组学习成绩

13. 下列教育现象不符合德育过程"内化于心，外化于行"的是（　　）

A. 小王同学被老师教育后，认识到了错误，不再迟到

B. 小张同学看了电影《长津湖》后，撰写了一篇1500字的观后感

C. 小黄同学上了道德与法治课后，过马路时严格遵守交通规则

D. 小李同学听老师讲了《小猫钓鱼》的故事后，做事情时专心致志

14. 某班在"每周一星"的活动中，根据一周内每一位学生的日常行为表现，将表现好、进步大的学生的照片贴在"明星墙"上以示奖励。这体现的德育方法是（　　）

A. 情境陶冶法　　B. 说服教育法　　C. 品德评价法　　D. 自我教育法

15. 张老师认为，对学生进行有效教学，不仅要有学科专业知识，还要有教育专业知识。因此，他把更多的精力放在教育专业知识的掌握上。张老师的教师专业发展的取向可能是（　　）

A. 生态取向　　　　　　　　　B. 专家型取向
C. 自我更新取向　　　　　　　D. 理智取向

16. 荀子认为："蚓无爪牙之利，筋骨之强，上食埃土，下饮黄泉，用心一也。蟹六跪而二螯，非蛇鳝之穴无可寄托者，用心躁也。"由此，他提出了（　　）

A. "兼陈万物而中悬衡"　　　　B. "积微见著，积善成德"
C. "学至于行之而止矣"　　　　D. "虚壹而静"

17. 在教育理念上，鸿都门学与"文翁兴学"的不同点在于（　　）

A. 鸿都门学注重实用技能，"文翁兴学"注重道德修养

B. 鸿都门学注重学术研究，"文翁兴学"注重教育普及

C. 鸿都门学注重兴趣爱好，"文翁兴学"注重地方教化

D. 鸿都门学注重儒家经典，"文翁兴学"注重文学艺术

18. 古代学生要去一家开在乡镇地区的教育机构上学，该机构制度完备，学生一起诵读《三字经》《百家姓》《千字文》……这所教育机构最可能是（  ）

   A. 私塾　　　　　　B. 社学　　　　　　C. 书馆　　　　　　D. 精舍

19. 在抗日民主根据地时期，为了有效发展和组织工农运动，传播马克思主义，中国共产党创办了一批各具特色的干部学校，下列哪所学校是在这一时期创立的？（  ）

   A. 延安大学　　　　B. 湖南自修大学　　C. 农民运动讲习所　D. 上海大学

20. 著名教育家陈鹤琴将"活教育"的教学过程分为四个步骤，分别为实验观察、阅读思考、创作发表和批评研讨。下列对于"批评研讨"的理解最为准确的是（  ）

   A. 教师之间相互讨论，相互批评，总结教学经验

   B. 学生要在每一次创作发表后进行自我反思

   C. 教师督促学生时时进行自我检讨

   D. 师生共同研讨，总结学习成果

21. 下列东方文明古国的学校中，不进行宗教教育的是（  ）

   A. 古儒学校　　　　B. 寺院学校　　　　C. 僧侣学校　　　　D. 泥板书舍

22. 17—18世纪，英国建立了一种面向大贵族和大资产阶级的贵族性文法学校。这类学校的特点是（  ）

   A. 属于公立学校、公开场所上课、实施公共教育

   B. 公众团体集资、提供公平教育、属于公立学校

   C. 公众团体集资、培养公职人员、公开场所上课

   D. 培养公职人员、属于公益教育、提供公平教育

23. 洪堡的教育改革是德国历史上最重要的一次教育改革。在高等教育方面，洪堡创办的大学是（  ）

   A. 哥廷根大学　　　B. 柏林大学　　　　C. 哈勒大学　　　　D. 约翰斯·霍普金斯大学

24. 以下赞科夫的教学原则中，在实验教学体系中起决定性作用的是（  ）

   A. 以高难度进行教学的原则　　　　　　B. 以高速度进行教学的原则

   C. 使学生理解学习过程的原则　　　　　D. 理论知识起主导作用的原则

25. 陈老师在讲解《寒号鸟》一课时，用多媒体给学生展示了许多寒号鸟的图片，使学生获得了生动的表象。这一阶段属于赫尔巴特四段教学法中的（  ）阶段，其兴趣是（  ）阶段。

   A. 明了；期待　　　B. 联想；注意　　　C. 联想；期待　　　D. 明了；注意

26. 根据皮亚杰的认知发展阶段理论，以下问题中小学二年级的学生最不可能回答正确的是（  ）

   A. 已知小A的头发颜色比小B深，小C的头发颜色比小B浅，问谁的头发颜色最深

   B. 把玩具熊放在柜子里，教师问学生一年之后，玩具熊会在哪

   C. 把一块橡皮泥捏成三只小兔子，问三只小兔子的总重量和原来橡皮泥的重量谁更大

   D. 把水从一个杯子倒进另一个细长的杯子里，问两杯水是否一样多

27. 下列学习活动属于智慧技能学习的是（  ）

   ①成成学会将分数转换为小数

   ②康康知道了中国的首都是北京

   ③宁宁观看电影《战狼》后，对军人产生了敬佩之情

   ④安安学会了怎么写议论文

   A.①②　　　　　　B.②③　　　　　　C.①④　　　　　　D.②④

28. 在教学设计中，以下哪种方法最有助于降低认知负荷？（   ）
   A. 增加学习材料的难度　　　　　　　　B. 采用大量的文字说明
   C. 使用图表和实例辅助教学　　　　　　D. 加快教学进度

29. 小学语文教材第一册识字《日月明》一课中这样表述："日月明，鱼羊鲜，小土尘，小大尖。"该教学策略运用的迁移理论是（   ）
   A. 形式训练说　　B. 相同元素说　　C. 概括化理论　　D. 关系转换理论

30. 下列选项中采用了问题解决策略中的爬山法的是（   ）
   A. 李老师每周与成绩薄弱的小青核对一次学习结果，再根据小青的学情为其布置下周的学习任务
   B. 当证明不出几何题时，王琴就从结论推论已知条件，直到解出几何题
   C. 李华在学会整数的加法交换律之后，可以将其运用到小数的加法交换律中
   D. 刘星在解方程时，将可能的解一一列出，然后逐个进行尝试，直到方程成立

二、论述题：第31~32小题，每小题15分，共30分。

31. 张之洞在《劝学篇》中提出"中体西用"的理论体系，而严复则认为这是"牛体马用"，主张"体用一致"的文化教育观。请你评价这两种观点。

32. 比较卢梭的自然主义教育思想和夸美纽斯的教育适应自然原则，并说明自然主义教育思想的历史影响和局限性。

三、材料分析题：第33~36小题，每小题15分，共60分。

33. 阅读材料，并按要求回答问题。

   材料1：近日，某幼儿园的小朋友们放下玩具，带上围裙套袖。洗菜择菜、刮鳞杀鱼、烙饼煮汤，团结协作，又分工明确。下厨烹饪、缝纫编织、沏茶洗衣，小朋友们都样样精通。家长也特别支持，还给幼儿园送柴火。

   材料2：某小学联合环保志愿者联合会共同搭建"种子图书馆"校内蔬菜种植基地，利用校园的公共空间，通过容器种植的方式指导学生种植有机蔬菜、瓜果，让学生亲历从一粒种子长成果实的全部过程。

   材料3：某小学组织师生参与由A市慈善总会主办的"小城大爱"大型慈善义卖公益活动。活动现场，学生、教师和家长志愿者们纷纷化身为"收银员""推销员"，大家用各种"促销方式"吸引顾客。此次义卖公益活动中售卖所得善款共计两千余元，已全部捐赠，它将为困境儿童的成长献出一份力量。

   请回答：
   （1）依据材料，分析劳动教育常见的三种类型。（3分）
   （2）从全面发展教育的角度出发，论述劳动教育的价值。（5分）
   （3）从学校、家长、社会的角度出发，谈谈如何助力劳动教育的实施。（7分）

34. 阅读材料，并按要求回答问题。

   费曼学习法（Feynman Technique）是一种以美国物理学家理查德·费曼的名字命名的学习方法。这种方法强调通过简单化教学来加深对知识的理解和记忆。费曼学习法一般要求：先要确定你想要学习或深入理解的概念或主题。假设你有一个学生，尝试用自己的话把这个概念解释给他听。这一步的目的是迫使你用自己的语言组织和表达知识，这有助于揭示你可能没有完全理解的地方。当你卡壳或无法解释清楚某个部分时，返回到原始的学习材料，重新学习并简化那个部分，直到你可以清晰地解释它。总之，将你刚刚学到的知识重新组织和复述，尽量用简洁和通俗易懂的语言。你可以写下这些信息，或者口头复述，这样可以帮助你巩固记忆和理解。

"以教代学"是费曼学习法的核心。费曼说:"如果你不能向其他人简单地解释一件事,那么你就还没有真正弄懂它。"这不是空洞的大道理,而是一套科学的学习方法。物理学家费曼把它变成了一个学习系统中至关重要的部分,即在学习的过程中向其他人输出你学到的知识。假设有一个外行人站在面前,你要用对方听得懂的语言把这些知识解释给他听。经过反馈,再检查自己的学习效果。在学习中,听、看和阅读是被动学习,这也是我们中国学生最擅长的技能。我在教学中遇见的99%的"好学生",他们的思维和行为模式惊人一致,那就是认真地听、拼命地记和反复地高强度练习,依靠勤奋促进知识的增长。但这些方式在内容留存率上处于偏低的水平。只有以讨论、输出为主的学习方法,才能用较少的付出获得较高的内容留存率。

——《费曼学习法》

请回答:

(1) 依据材料罗列出使用费曼学习法的步骤。(5分)

(2) 分析费曼学习法背后的教育心理学机制。(5分)

(3) 从主动学习和被动学习的角度,分析材料中"如果你不能向其他人简单地解释一件事,那么你就还没有真正弄懂它"的原因。(5分)

35. 阅读材料,并按要求回答问题。

**议论文写作教学**

这是一次高中议论文写作教学课。两节课连排,第一节是老师讲,第二节是学生写。

一开始,老师就对学生说:"议论文的写作,很多同学都感到茫然,觉得无从下手。其实,这件事情并不难,甚至很简单,就是我手写我心,心里怎么想,手上就怎么写。当然,这里面也有一定的方法。"

于是,老师用前年和去年高考满分、高分作文做例子,讲解议论文写作的方法和步骤:"第一步,审题立意;第二步,结构分块;第三步,分段落实;第四步,点题呼应。"

对于每一步,老师都是一边结合例子讲解方法和细节,一边问同学们:"大家听得懂吗?"

同学们都点点头,几乎是异口同声地回答说:"听得懂!"

老师说:"很好!"

等老师把方法步骤讲解完,对同学们说:"接下来,请同学们把作文本拿出来。我们今天的议论文写作,是一篇材料作文。请大家先看看这篇材料——互联网时代的诚信,然后自定题目,写一篇议论文。"

同学们有的开始看材料,有的开始打草稿,更多的则坐着不动。

老师在教室里来回巡视,看到坐着不动的学生,就凑过去问:"怎么不写呀?"

学生说:"不知道怎么写。"

老师说:"我这一整堂课不就是在讲怎么写吗?"

学生说:"是的。"

老师说:"我问你们听不听得懂时,你们不都说听得懂吗?"

学生说:"老师讲得很清楚,我觉得听懂了。第一步,审题立意;第二步……"

老师说:"对呀!听懂了,那就写呀!"

学生一脸茫然:"确实不知道怎么写……"

老师则更加一脸茫然,欲言又止,明显有一种哑巴吃黄连的感觉:"我把写作方法都教给你们了,你们怎么就不会写呢?"

老师皱着眉头,似乎在对学生说,更像在自言自语:"那怎么办?要不,我再跟你们讲一遍……"

请回答：

(1) 分析材料中出现"我把写作方法都教给你们了，你们怎么就不会写呢？"的原因。(5分)

(2) 教学内容与教学方式是怎样影响教学效果的？(5分)

(3) 在实际教学中，教师应如何选择合适的教学方式？(5分)

36. 阅读材料，并按要求回答问题。

某中学历史老师在讲到"鸦片战争的冲击与回应"一课时，是这么布置作业的。历史老师设计了以下三个层次的作业，让学生根据自己的学习情况进行选择。第一个层次，面对基础薄弱、学习能力差的学生，设计的作业是：知道两次鸦片战争的起因、经过、结果与影响，做到对其熟练掌握。第二个层次，面对基础一般，但有一定发展潜能的学生，设计的作业是：第二次鸦片战争的爆发与第一次鸦片战争有必然的联系吗？学生要解决这个问题，除了对两次鸦片战争的基本情况掌握以外，还需要将两次鸦片战争的内容进行一个整合分析。第三个层次，面对基础好和学习能力强的学生，设计的作业是：根据所学内容及课后查阅的资料，对比分析两次鸦片战争的相同点与不同点。这一作业既立足于教材，同时又高于教材，需要这部分历史学习基础较扎实的学生展开思考与探索，透过现象看本质。在学生选择作业时，教师应引导学生选择符合自己学习水平的作业，不至于让学习基础薄弱的学生选择难度大的作业，也不至于让学习基础好的学生选择太过简单的作业，让每个学生都能有所收获。

改编自李林芳《新课标背景下高中历史有效作业问题研究》

请回答：

(1) 依据认知心理学的相关理论，评析材料中作业设计的优点。(5分)

(2) 依据知识迁移的相关原理，分析材料中的作业类型体现了哪种迁移。(5分)

(3) 如今我国小学家长陪学现象严重，网上经常爆出因为陪学家里鸡飞狗跳的场景，学生反感作业，家长也筋疲力尽，不合理的教育方式造成学生缺乏自主学习的意识。如果你是教师，应如何指导家长运用元认知策略帮助孩子自主高效地、顺利地完成作业？(5分)

# 333 教育综合模拟卷（一）
## 答案及解析

本书勘误

一、单项选择题：第 1~30 小题，每小题 2 分，共 60 分。

1. 【解析】B　理解题①　此题考查教育公平。★★★★★②

   A. 让每个孩子都有入学的机会——这是教育起点的公平。

   B. 让学生根据兴趣选择不同的课程——这是教育过程的公平。

   C. 统一的标准评价学生——人富有个性和差异，按统一标准评价学生是对学生的伤害，这不属于教育公平。

   D. 让每个学生都有同等升学的机会——这是教育终点的公平，并且这句话说法错误，每个学生都有升学或就业的机会，但是不能不论学生能力强弱，一律进行同等程度的升学，提供公平的教育并不代表"一刀切"，也不代表彻底抹杀竞争。

   因此，答案选 B。

2. 【解析】A　理解题　此题考查教育的功能。★★★

   （1）教育的正向功能：指教育对个体发展和社会发展的积极影响和推动作用。

   （2）教育的负向功能：指教育对个体发展和社会发展的消极影响和阻碍作用。

   （3）教育的显性功能：指依照教育目的、任务和价值期待，教育在实际运行中所体现出来的与之相符合的功能。

   （4）教育的隐性功能：指教育非预期的且具有较大隐藏性的功能。

   题干中，运动会锻炼了学生身心，丰富了学生的课余文化，活跃了校园气氛属于教育的正向显性功能；无形之中增强了班级凝聚力属于教育的正向隐性功能。因此，答案选 A。

3. 【解析】B　理解题　此题考查教育的文化功能。★★★

   （1）教育的文化传承功能：教育传递着文化。题干中，学生学习武术课程就是在传承文化。

   （2）教育的文化交流功能：不同文化的相互交流、相互学习的过程。题干中，部分学生参加了国内外武术比赛活动，体现了文化的传播与交流。

   （3）教育的文化选择功能：教育对文化的选择以促进文化自身的发展与进步为目的，并对文化具有提升功能。

   （4）教育的文化创新功能：教育通过创造新的思想与观念，发展社会科学技术并培养有创新精神的人，对社会文化进行创造与更新。

   因此，答案选 B。

---

① 此标注代表本题的题型分类。选择题题型分为记忆题、理解题、推理题、排除题、综合题，或者这几种题型的组合。在主观题中，中国教育史和外国教育史的论述题题型分为述评题、比较题、综述题；教育心理学和教育学原理的材料分析题题型分为案例/理论/政策材料+单一/综合题（根据材料的来源分为案例材料、理论材料和政策材料三类，其中理论材料和政策材料均为教育热点，根据考查知识点的综合程度分为单一题和综合题两类）。下同，不再赘述。

② 此标注代表本题的难度等级。选择题和主观题难度分为三级：一级即一颗星，二级即三颗星，三级即五颗星。难度等级的划分依据有：考点运用的综合性、考查方式的灵活性、考查内容的新颖性等。由于考生对知识点的掌握程度不同，对难度的判断会有所差异，所以，重要的是掌握知识、查漏补缺，考生不必太过纠结此评估。下同，不再赘述。

4. 【解析】B  理解题  此题考查人的身心发展的特点。★

  皮亚杰的认知发展阶段理论认为个体发展的不同阶段会表现出不同的年龄特征,这体现了阶段性。其中前一阶段是后一阶段的基础,每个阶段儿童掌握的能力是不断进阶的,这体现了顺序性。因此,答案选B。

5. 【解析】D  理解题  此题考查影响人身心发展的主要因素。★

  题干中,甲同学的话体现了遗传对人身心发展的影响;乙同学的话体现了环境对人身心发展的影响;丙同学的话体现了人的主观能动性对人身心发展的影响。因此,答案选D。

6. 【解析】D  理解题  此题考查教育目的的层次结构。★★★

  题干中提到,学习《清平乐》时需要让学生了解诗人的背景资料,体会诗人情感的变化,这是一堂课需要完成的具体目标,属于教育目的层次中的教学目标。因此,答案选D。

7. 【解析】C  理解题  此题考查终身教育。★★★

  A、B、D选项说法正确。C选项的错误之处在于:终身教育既要求人通过正规教育的训练,也要求通过非正规教育进行学习和提高,对正规教育和非正规教育同样重视。因此,答案选C。

8. 【解析】A  记忆+理解题  此题考查课程的实施取向。★

  A. 忠实取向:课程实施过程就是忠实地执行课程计划的过程。

  B. 相互适应取向:在课程实施的过程中,使课程计划与班级或学校实践情境在课程目标、内容、方法、组织模式等方面相互调整、改变与适应。

  C. 创生取向:课程实施本质上就是教师和学生在具体教育情境中创生新的教育经验的过程。

  D. 目标中心取向:课程实施取向无此说法。

  题干中,教师完全按照专家编制的课程计划实施教学属于忠实取向。因此,答案选A。

9. 【解析】D  记忆+理解题  此题考查课程的类型。★★★

  A. 国家课程:指自上而下由中央政府负责编制、实施和评价的课程。

  B. 广域课程:指将各科教材依照性质归到各个领域,再将同一领域的各科教材加以组织和排列,进行系统教学的课程。

  C. 地方课程:指地方各级教育主管部门根据国家课程政策,以国家课程标准为基础,在一定的教育思想和课程观念的指导下,根据地方经济、政治、文化的发展水平及其对学生发展的特殊需要,充分利用地方课程资源而开发、设计、实施的课程。

  D. 校本课程:指以学校为课程编制主体,自主研发与实施的一种课程,是相对于国家课程和地方课程而言的。

  题干中,陶艺课程是该校自主研发与实施的一种课程,属于校本课程。因此,答案选D。

10. 【解析】B  理解题  此题考查当代国外主要教学模式。★★★

  A. 逆向设计教学模式:先确定学习的预期结果,再明确预期结果达到的证据,最后设计教学活动。

  B. 项目探究教学模式:在教师的有效指导下,将一个相对独立的项目交由学生自己处理,学生通过该项目,了解并把握完成整个项目的过程及每一个环节的基本要求。

  C. STEM教学模式:加强对学生科学素养、技术素养、工程素养和数学素养四个方面的综合性的教育。

  D. 程序教学模式:学习通过"刺激—反应—强化"形成行为,它的中心概念是"强化",通过强化提高个体反应的出现频率。

  题干中,刘老师让学生自己收集信息,设计方案,进行"自然灾害防避演练",属于项目探究教学模式。因此,答案选B。

11. 【解析】B  理解题  此题考查教学方法。★★★

　　A. 情境模拟法：教师依据教学内容、教学目标和学生的实际情况，在课堂上创设一定生活或工作的场景，指导学生进行模拟活动，完成特定情境任务，解决特定问题。

　　B. 角色扮演法：学生在教师的指导下，通过扮演角色而获得情绪体验的教学方法。

　　C. 自学辅导法：以学生自学为主、教师辅导为辅的新式教学法。

　　D. 演示法：教师向学生展示各种直观教具、实物，或让学生观察教师的示范实验，或让学生观看幻灯片、电影、录像等，从而使学生认识事物、获得知识或巩固知识的方法。

　　题干中，李老师让学生分别扮演四类气质特点的人物，学习四种气质类型，体现的是角色扮演法。因此，答案选B。

12. 【解析】C  理解题  此题考查教学过程中应处理好的几种关系。★

　　智力因素主要指感知、记忆、思维、想象等认知心理因素。非智力因素主要指兴趣、动机、需要、情感、意志和性格等个性心理特征方面的因素。二者是密切联系的。只有有效调节学生的非智力因素的活动，才能顺利进行智力因素的活动。题干中，王老师在教学过程中激发学生的兴趣与积极性，这些非智力因素的活动又推动学生去认知与学习，提高学习成绩，可见王老师在教学过程中处理好了智力因素与非智力因素的关系。因此，答案选C。

13. 【解析】A  理解题  此题考查德育原则。★★★

　　A. 知行统一原则：指导学生学习和掌握一定的政治理论和道德伦理，用学到的思想道德准则指导自己的行动的一种原则。这就要求教师教育学生时要做到表里如一，言行统一。

　　B. 教育影响的连续性原则：进行德育要保持其连续性，使教育前后连贯地进行。

　　C. 教育影响的一致性原则：进行德育时应使各方面对学生的教育影响协调一致地进行。

　　D. 集体教育与个别教育相结合原则：进行德育时应把集体教育与个别教育辩证地结合起来。

　　题干中的教师知道要节约用水，但是经常不随手关水龙头，违背了知行统一原则。因此，答案选A。

14. 【解析】C  理解题  此题考查德育方法。★★★

　　"择其善者而从之，其不善者而改之"的意思是：选择他们的优点来学习，如发现他们的缺点则引以为戒并加以改正。这体现了榜样示范法。同时，这句话也体现了自我教育法和品德评价法，因为我们需要先评价他人的优缺点，才知道自己是否需要学习或改正。但是，这句话没有体现实践锻炼法。因此，答案选C。

15. 【解析】C  理解题  此题考查非正式群体。★

　　A、B、D选项说法正确，C选项说法错误。航模兴趣小组的组织者如果是学校，就是正式群体；如果是爱好航模的学生，就是非正式群体。少先队是学校建立的组织，属于正式群体。因此，答案选C。

16. 【解析】B  记忆+综合题  此题考查各教育家的教师观。★★★

　　①孔子："圣则吾不能，我学不厌而教不倦也。"

　　②韩愈："巫医乐师百工之人，不耻相师。"

　　③荀子："天地者，生之本也；先祖者，类之本也；君师者，治之本也。"

　　④王充："学问之法，不唯无才，难于距师，核道实义，证定是非也。"

　　因此，答案选B。

17. 【解析】A  记忆+理解题  此题考查宋元明清的教学措施。★★★

　　"苏湖教法"是我国历史上最早的分科教学制度，开创了主修和辅修的先河。它不是为了激励学生平时学习的积极性，但B、C、D选项都是为了促进学生平时学习的积极性。因此，答案选A。

18. 【解析】D 记忆+理解题 此题考查对理学教育思想的批判。★★

A、B、C选项说法正确。D选项是清末新政时期的教育改革，不属于明清之际的早期启蒙思想的特征。因此，答案选D。

19. 【解析】B 理解题 此题考查教会教育与收回教育权运动。★★★

A、C、D选项说法正确。B选项的错误之处在于：教会学校课程与教学方面的重大变化是教育与宗教分离，即立案的学校不得将宗教作为必修科目，不得在课内宣传宗教，不得强迫或劝诱学生参加宗教仪式，小学不得举行宗教仪式。但是，允许将宗教列为选修科目，以维护教学自由和信仰自由原则。所以教会学校的变革不包括逐渐取消开设宗教课程。因此，答案选B。

20. 【解析】B 记忆题 此题考查杨贤江的教育思想。★

指导青年树立正确的人生观是杨贤江青年教育思想的核心。因此，答案选B。

21. 【解析】B 记忆+理解题 此题考查古代印度婆罗门的教育。★★★

A. 古代巴比伦学校的教育方法。

B. 古代印度的古儒学校是婆罗门教育的教育机构，学校内善用导生制。导生制是指教师利用年长儿童充当助手，由助手协助教师把知识传给一般儿童。这种方法后来被英国教师贝尔所袭用，19世纪在英国成为盛行一时的导生制。

C. 古代希伯来学校的教育方法。

D. 古代印度佛教的教育方法。

因此，答案选B。

22. 【解析】D 记忆+综合题 此题考查古希腊教育家的教育思想。★★★

A. 错误。苏格拉底提出了德智统一观。

B. 错误。亚里士多德认为古风时期的毕达哥拉斯是第一个试图讲授道德的人。苏格拉底时代，已经有很多古希腊学者谈论德育观了，苏格拉底是其中一个但并不是第一个。

C. 错误。苏格拉底最早提出了道德可教。

D. 正确。亚里士多德最早提出实践道德，促进了德育思想的进步。

因此，答案选D。

23. 【解析】C 记忆题 此题考查《富尔法》。★

《富尔法》的三原则就是A、B、D选项。因此，答案选C。

24. 【解析】C 记忆题 此题考查马卡连柯的教育思想。★★★★★

A. 正确。马卡连柯提出了前景教育原则，要求教师在教育过程中经常给学生指出美好的前景，即给学生提出一个或几个需要经过一定努力才能完成的新任务。

B. 正确。马卡连柯提出平行教育影响原则，这是教育、影响个人的一种形式，只不过它是以集体为教育对象，是通过集体来教育个人。

C. 错误。马卡连柯认为教育应该设法不与个人发生关系，而只与集体发生关系，使每个学生都不得不参加共同的活动。

D. 正确。马卡连柯认为纪律首先是教育的结果，然后才成为教育的手段。教育和纪律间的良性互动，是纪律教育的应有之义。若单纯把纪律当作手段或方法，纪律便改变了味道，且面目可憎。

因此，答案选C。

25. 【解析】B 理解题 此题考查20世纪中后期的现代欧美教育思潮。★★★

A. 要素主义教育认为学校教育的核心是人类文化遗产的共同要素。

B. 改造主义教育认为教育最重要的目的就是要改造社会，旨在通过教育为社会成员建设社会新秩序和实现人们共同生活的理想社会。因此教育要重视培养"社会一致"的精神，即消除彼此的分歧，培养人们的群体意识和集体心理，形成人们共同的思想、信念以及习惯，使之在口头上和行动上表现一致。

C. 永恒主义教育强调理性训练以及人的理性和教育基本原则的永恒性。

D. 存在主义教育是一种把人的存在当作基础和出发点的哲学，其基本论点是萨特的"存在先于本质"。

因此，答案选 B。

26. 【解析】B  记忆题  此题考查认知方式的差异与教育。★

A. 场独立型：对客观事物做出判断时，常常以自己内部作为参照，不易受外来因素的影响，习惯独立对事物做出判断。

B. 场依存型：倾向于以外部环境信息为依据，个体受周围环境信息的影响较大。

C. 反思型：碰到问题时倾向于深思熟虑，用充足的时间考虑、审视问题，权衡各种问题解决的方法，然后从中选择一个最佳方案，因而错误较少。

D. 冲动型：倾向于很快地检验假设，根据问题的部分信息或未对问题做透彻分析就仓促地做出决定，反应速度较快，却容易发生错误。

场依存型的学生喜欢讨论学习，对他人的意见和情感比较敏感。所以教师采用小组讨论的教学方法，并及时给予指导和肯定。因此，答案选 B。

27. 【解析】B  理解题  此题考查经典条件作用的主要规律。★★★

（1）第一信号系统的刺激是指能够引起条件反应的物理性的条件刺激。

（2）第二信号系统的刺激是指能够引起条件反应的，以语言符号为中介的条件刺激。

A、C、D 选项属于第一信号系统的刺激。谈虎色变——人并没有见到具体的虎的形象，但是一个"虎"字就使人联想到具体的虎，引起恐惧的心理反应，这属于第二信号系统的刺激。因此，答案选 B。

28. 【解析】C  理解题  此题考查自我价值理论。★★★

A. 高趋低避型：这种类型的学生拥有无穷的好奇心，对学习有极高的卷入水平。

B. 高趋高避型：这种类型的学生对某一项任务具有既追求又排斥的矛盾情绪，为了成功同时又要掩饰自己的努力，就会出现一种"隐讳努力"的现象。

C. 低趋高避型：这种类型的学生更看重逃避失败而非期望成功。他们并不一定存在学习问题，只是对课程的兴趣不高，看起来懒散，不爱学习的背后隐藏着他们对失败的强烈恐惧。

D. 低趋低避型：这种类型的学生不奢望成功，对失败也没有羞耻感和恐惧感。

题干中，小赵的学习兴趣不高，还总为成绩不好找各种理由，属于低趋高避型。因此，答案选 C。

29. 【解析】D  理解题  此题考查知识理解的类型。★★★

A. 信号学习：指个体学习对某种信号做出某种反应。

B. 表征学习：指学习单个符号或一组符号的意义，或者说学习它们代表什么。

C. 命题学习：指掌握概念或事物之间的关系。命题是以句子的形式表达的，可分为非概括性命题和概括性命题两类。

D. 概念学习：指掌握以符号代表的同类事物共同的本质特征。

题干中，学生将苹果、香蕉、草莓都称为水果，认识到了它们的共同特征，属于概念学习。因此，答案选 D。

30. 【解析】D 理解题 此题考查练习中的相关现象。★

练习过程中技能的进步情况可以用练习曲线来表示。练习曲线表明，在学生动作技能的形成过程中，练习到一定阶段往往会出现进步暂时停顿的现象，称为高原现象。因此，答案选D。

二、论述题：第31~32小题，每小题15分，共30分。

31. 【答案要点】述评题 ★

科举制度是隋朝开始的通过考试选拔官员的制度，清末新政时废除，共存在1300年。

(1) 科举制度在封建社会的发展过程：

①建立：隋朝进士科的设置标志着科举制度的诞生。

②发展：唐朝科举制度一步一步地发展，在制度建设方面，与隋朝相比更显完善。

③完备：宋朝科举成为取士正途；名额扩大，录取人数增多；专用《三经新义》；时间、程序确立，殿试成为定制；通过锁院制、糊名制等防止科考作弊。

④中落：元朝的科举制度虽有发展，但是民族歧视严重，考试内容更显局限，科举制度日趋严密。

⑤鼎盛：明朝发展到鼎盛，建立"永制"；确立八股文为固定的考试文体；将学校教育纳入科举体系。

⑥僵化：清朝将科举制度视为国家人才选拔的根本制度，但科场舞弊严重，学校成为科举的附庸。

⑦废除：清末1905年，日益僵化、腐朽、衰落的科举制度被废除。

(2) 科举制度与学校教育的关系：

①相互促进。学校教育是科举制度的基础，科举选拔刺激学校教育的发展。

②相互制约。学校教育的兴衰影响科举取士的数量和质量，科举考试是学校教育的指挥棒。

③**决定封建学校教育发展的终极因素**是封建社会的政治、经济、文化，科举制度只是辅助因素。

(3) 科举制度的历史影响：

①积极影响：科举制度有利于加强中央集权；使选士与育士紧密结合；使人才选拔较为公正客观。

②消极影响：科举制度具有很大的欺骗性；科举制度束缚思想，败坏学风；国家只重科举取士，学校成为科举制度的附庸。

【评分：发展过程5分，与学校教育的关系5分，历史影响5分。】

32. 【答案要点】述评题 ★

(1) 简介：杜威批判传统教育中的学科课程肢解了儿童认识世界的整体性和统一性，而且课程内容抽象、难以理解。同时，传统教材与实际生活相脱离，枯燥乏味，内容缺乏现代的社会精神。于是，他提出了自己的见解。

(2) 主要内容：

①课程编制应以直接经验为中心。如果说教育的中心是"直接经验"，那么课程与教材就要充分联系学生的直接经验。杜威希望直接经验成为学生认识知识的一座桥梁。

②学校应以活动课程为主要课程类型。学生在学校的绝大多数时间都是在活动中寻找和联结自己的直接经验，从而主动地学会知识，甚至是发现知识，那种学会学习的新奇感和成就感远比学生被动地接受效果要好。

③教材应引导学生"从做中学"。杜威强调应该对直接经验加以组织、抽象和概括，不然经验将支离破碎，混乱不堪。但如何将直接经验"组织"成系统的知识，是一个难题。

④编写教材要做到"教材心理化"。杜威强调把各门学科的教材或知识恢复到它所被抽象出来的原来的经验。这就需要做到：教材的编制应该依据学生的心理逻辑来编写；教材直接经验化。

（3）评价：

①优点：重视直接经验的价值。杜威克服了经验与理性的对立，拓宽了经验的外延，强调学生学习的主动性。他重视直接经验的价值，并把直接经验置于教育的中心，催生了新式的课程类型、课程理论和教学理论，这在当时学校课程严重脱离社会实际和儿童身心发展条件的情况下有积极作用。

②局限：a.过于强调儿童的直接经验，忽视系统学科知识的价值。b.过于强调儿童个人的主动性和能力，忽视教师在课程教学中的地位和作用。c.过于强调根据儿童个人的需要和实际生活经验组织课程，实施困难。实施困难的原因主要是杜威忽视了以下问题：活动不一定推导出所有知识结论；间接经验不一定还原成直接经验；活动不一定符合学生兴趣。

（4）现实意义：

①对教育与儿童的启示。启发我们在课程改革和教材编制时要更加符合学生的心理逻辑，更体现儿童的主体性，在课程与教学中做到尊重儿童的兴趣、需要、生活、天性与自由，符合儿童的身心发展规律与年龄特点。

②对教育与生活的启示。在内容的选择上，不局限于人类传承下来的永恒的经验和经典内容，而是更加突出内容的生活性和社会性，关注学生直接经验，使教材内容更符合学生学习的兴趣。

③对理论与实践的启示。启发我们在教学过程中，可以运用多种多样的教学组织形式，如直观教学、活动课程等，打破传统课堂的局限性；促进学生探索的主动性和积极性，引导学生从自身参与的活动中获得经验。

【评分：主要内容7分，评价3分，现实意义5分。】

三、材料分析题：第33~36小题，每小题15分，共60分。

33.【答案要点】理论材料+单一题　★

（1）理解：教师的职责不只是教书，还包括育人。教师在教学生社会生存能力的同时也承担着传播社会主流文化、道德和价值观、行为准则、社会规范等任务。中小学学生可塑性很大，世界观、价值观、人生观都在逐渐形成，教师的影响和引导为他们在正确的人生道路上成长奠定了坚实的基础。

（2）材料中的教师应该具备的素养：

①专业知识。这一素养包括学科专业知识、教育专业知识和通识性知识。教师需要有扎实的专业知识，但不能纸上谈兵，材料中的教师之前只注重学科教学，而忽视学生需要什么，未真正践行以学生为中心的教育理念。

②专业能力。这一素养包括教学能力、组织管理能力、反思研究能力与沟通合作能力四个方面，其中良好的人际沟通能力和自我反思能力尤为重要。材料中的教师能够通过自己前后教学经历的对比，反思教学中存在的问题，如教学以自我为中心、缺乏与学生的有效沟通、缺乏对学生的爱与关切等，进而改进教学行为，提升自身专业素养。

③专业情意与规范。专业情意与规范是教师专业素养的基础和保障。材料中，人际沟通并不是学识化，而是情感化，教师有关爱学生之心，才有包含情感的沟通，才会滋润学生心灵。

（3）加强师生之间沟通交流的方式：

①教师要有与学生主动沟通交流的意愿。教师应主动关注学生的情绪变化，及时发现学生的困惑，时时处处都可与他们沟通交流，如在楼道里、办公室里、操场上、回家的路上等，总之，不局限于课堂。

②教师要建立沟通交流的活动或渠道。如建立专属的班级在线社交平台，为师生提供一个便利的交流渠道。

③教师要扩大交流内容，不局限于成绩和学习。学生除了学习问题外，还有情感问题、家庭问题、交友问题、理想问题等。教师应该开展全人生的指导和交流，促使师生之间有更多的话题。

④教师的交流要情理交融。教师要与学生平等对话，不要说教、命令、斥责和埋怨，在平等对话中体现关爱、鼓励和欣赏。

⑤教师要进行经常化的反思。教师开展经常化、系统化的反思有利于教师对师生关系的深入思考并产生更多创造性地解决问题的方式，从而加强师生之间的沟通交流。

34. 【答案要点】理论材料+综合题 ★

（1）"跨界阅读"促进思维能力的发展体现在以下几个方面：

①"跨界阅读"促进整合思维的发展。材料中，"跨界阅读"打破学科之间的壁垒，具有跨学科性和高综合性，将知识变得融会贯通、触类旁通。

②"跨界阅读"促进发散思维的发展。材料中，"跨界阅读"会让学习者大脑里产生扩散状态的思维，由书中的一个片段，引发无数联想，大脑里有更多的知识连线和思路。

③"跨界阅读"促进直觉思维的发展。材料中，"跨界阅读"引导学习者发展未经逐步分析就迅速对问题答案做出合理的猜测或领悟的能力，有了强大的"第六感"。

④"跨界阅读"促进迁移思维的发展。材料中，"跨界阅读"促进人们将此处的知识用到彼处，将这个学科的理论用到另一学科的实践。

（2）"跨界阅读"对学生的智力发展的意义：

**加德纳的多元智力理论**提出了八种智能，即语言智能、逻辑—数学智能、空间智能、肢体—动觉智能、音乐智能、人际智能、内省智能、自然观察智能。他认为教育既要发展优势智能，也要发展整体智能。

①"跨界阅读"重点促进人某一种或某几种智力的发展。每位学生都有自己的优势智能，他们会根据自己的喜好选择不同的书籍进行阅读，所以跨界阅读可能会重点促进学生某些方面的智力发展。

②"跨界阅读"促进人智力的整体发展。"跨界阅读"打破学科的局限，具有高度的综合性，可以促进学生各种智能整体发展。例如阅读科学类书籍可能涉及逻辑—数学智能和空间智能的发展，阅读文学作品有助于语言智能的提升等，读书越杂，范围越广，越能促进各种智能整体发展。

（3）作为教师，帮助不爱阅读的学生爱上阅读的方式有：

①**投其所好搞阅读**。学生有自己的兴趣爱好，应该把选书权交给学生，让他们根据自己的喜好阅读。阅读完全可以跨界，不要为学生的阅读画上太多的条条框框。

②**声情并茂搞阅读**。教师可以绘声绘色地朗读书籍，调动学生阅读的积极性。

③**提问激疑搞阅读**。教师可以设置悬念或者问问故事的细节，还可以提出思想性的问题，引起学生的阅读兴趣。

④**小组合作共阅读**。教师可以让学生组成小组共同阅读，产生互相激励的作用。

⑤**赞美学生的阅读**。学生阅读后，教师可以加以赞扬，使学生产生成就感，激发其更大的阅读热情。

35. 【答案要点】案例材料+单一题 ★★★

（1）该节课体现了**体谅模式**。体谅模式强调从道德情感出发，让学生学会关心，学会体谅。当李明同学不敢朗读，遭遇哄笑的时候，老师带头体谅这位同学，请所有同学都趴在桌子上，帮助李明减轻心理压力。李明得到了鼓励，并且通过他的作文在道德情感上鼓励了其他学生。

（2）王老师采用的德育途径是**学科育人**，具有**间接性、隐藏性、引导性、生动性**等特点。学科育人属于间接的德育途径，是在学科教学或教育实践活动中，通过道德渗透的方式，潜移默化地引导学生形成和掌握道德知识与道德观念的教育活动。材料中，王老师利用李明作文里的父子深情陶冶其他同学，不仅教会同学之间相互鼓励、相互关心，还给李明带来了自信和鼓励，这节课没有德育，却又处处充满着德育。

(3) 建议：

①**教育目标**：任何学科在完成本学科教学目标的基础上，也要融入德育目标，在情感态度价值观上确立目标，做到科学性和思想性相统一。

②**教育内容**：任何学科教师都可以利用本学科的教学内容，寻找有联系的道德精神和品质，在这里挖掘德育内容。

③**教育方法**：任何学科教师都可以在学科课程上利用讨论、讲授、参观、榜样等多种方法，促进学生相互关心、相互帮助、自我反思，引发学生对品德的思考。

④**教学组织形式**：任何学科教师都可以利用合作学习、分组教学等多种组织形式，在共同的活动中引导学生取长补短、热爱团体，达到德育目的。

⑤**教育评价**：任何学科教师都可以利用形成性评价等多种评价方式，既指导学生知识技能的学习，又促进学生品德的发展。

36. 【答案要点】案例材料+单一题 ★

(1) 我不认同教师对李丽的教育方式，原因如下：

教师在李丽作文分数不理想的时候，没有帮助她分析原因，而是用侮辱性的话语批评她，迫使她在学校里缺失爱和尊重，导致其形成了习得性无助。这是一种错误的教育方式。

(2) 对李丽成绩下滑的现象进行分析：

①**将失败归因为内部因素**：李丽认为自己写作能力不行；努力无用，之后自己也不再努力；身心状态差，做事敷衍，不认真思考，漫不经心，上课睡觉。

②**将失败归因为外部因素**：李丽学业失败有个重要的外部原因，即她遭到了老师的讥讽打击和家长的冷漠对待，导致其心理受到伤害，一蹶不振。

(3) 帮助李丽提升自我效能感的措施：

①**在直接经验上**，我会引导李丽去体验成功，获得直接经验。帮助她选择难易适中的任务，传授她具体的学习策略，指导她制定相应的学习目标，引导她通过努力获取成功，之后引导她对成功做出积极的归因。

②**在替代经验上**，我会给李丽提供合适的榜样。我自己会以身作则，并在班级里找一个近期学习进步的同学，鼓励李丽向她学习。

③**在言语说服上**，说服可信，及时反馈，民主交流。首先，我要和李丽进行坦诚的交流，并说服她重拾对学习的信心。其次，我要给予李丽及时的反馈和鼓励，帮助她形成正确的自我概念。最后，如果李丽出现自卑、失落的情况，我会通过民主的交流帮助她改正。

④**在情绪唤醒上**，给予激励，但不过度。我会适当鼓励李丽，同时确保其保持良好的身心状态，不会过度激起她的不良情绪。

# 333教育综合模拟卷（二）
## 答案及解析

**一、单项选择题：第1~30小题，每小题2分，共60分。**

1. 【解析】C　理解题　此题考查教育的概念。★★★★★

   教育的本质是有目的地培养人的社会活动，必须符合有目的地培养人，才属于教育范畴。一个教育活动包括教育者、受教育者和教育中介系统。

   ①属于社会教育，非制度化教育。

   ②属于学习现象。在专业词汇上，教育区别于学习，学习是个体获取、加工和利用信息的过程，学习现象的发生不一定需要教育者参与，而教育活动必须有教育者、受教育者和教育中介系统。题干中的现象没有教育者的参与。

   ③在大学生的自主学习活动里，教育者是网课中的教师，受教育者是学生。

   ④属于科学研究活动，这个例子里没有培养人的现象，不属于教育。

   因此，答案选C。

2. 【解析】B　记忆+理解题　此题考查教育的起源。★★★

   A. 错误。勒图尔诺是生物起源说的代表人物，并且心理起源说从本质上并没有说明人的模仿与动物的本能活动的差别。

   B. 正确。心理起源说认为人是有心理活动的，但它忽视了人的教育的有意识性。

   C. 错误。心理起源说主张教育起源于儿童对成人生活的无意识模仿，这种模仿是无意识性的，从根本上抹杀了教育的有意识性。

   D. 错误。生物起源说标志着在教育的起源问题上开始从神话解释转向科学解释。

   因此，答案选B。

3. 【解析】B　理解题　此题考查教育的社会制约性。★★★

   "学而优则仕"指学习是通向做官的途径，培养官员是教育最主要的政治目的，而学习成绩优良是做官的重要条件。如果不学习或经过学习而成绩不佳，也就没有做官的资格。"学而优则仕"作为教育目的，从政治对教育的制约上讲，它促进了教育与社会政治的联系，规定了教育服务于政治的宗旨。因此，答案选B。

4. 【解析】A　理解题　此题考查个人本位论。★★★

   个人本位论充分重视人的价值、个性发展和需要，个人价值高于社会价值。其教育的目的是帮助人们充分地发挥他们的自然潜能。题干中，尼采的"超人"哲学强调超越自我和创造新价值，呼吁摆脱传统道德和偏见的束缚，追求个人意义和创造性的生活方式，这实际上是一种个人本位论的观点。因此，答案选A。

5. 【解析】A　理解题　此题考查义务教育。★★★★★

   A. 错误。普及教育更侧重于国家对教育的普遍提供，但不具有强制性和免费性，而义务教育在此基础上强调了教育的强制性、免费性以及对学生基本能力和素质的培养。所以，义务教育体现了普及教育，但不能将两个词完全等同。

   B. 正确。义务教育的三个特征是免费性、强制性和普及性。

C. 正确。义务教育发展的趋势是既向学前教育延长，又向高中教育延长。所以反过来说，高中教育发展的趋势就是逐渐义务化。

D. 正确。目前我国学前教育已经基本实现普及教育，但还不属于义务教育。

因此，答案选 A。

6. 【解析】C　记忆题　此题考查泰勒原理。★★★

题干问的是"组织教育经验"，组织知识时，教育者要关注知识之间的顺序、连续和整合的问题，但是组织知识与阶段性无关，我们只能说依据人发展的阶段性，选择适合各阶段的教育内容。因此，答案选 C。

7. 【解析】B　理解题　此题考查课程的组织形式。★★★

纵向组织注重课程内容的独立性和知识的深度，而横向组织强调课程内容的综合性和知识的广度。因此，答案选 B。

8. 【解析】B　理解题　此题考查课程改革。★★★

普通高中课程由领域、科目、模块三个层次构成，这是对课程结构的改革，与课程内容、课程管理无关。课程组织广义上强调的是对课程整个开发过程的描述，狭义上强调的是课程内容如何组织和安排，也与题干不符。因此，答案选 B。

9. 【解析】B　记忆题　此题考查国家课程。★★★★

A、C、D 选项正确。B 选项的错误之处在于：国家课程有选择性必修性质，这是一种弹性的表现。因此，答案选 B。

10. 【解析】D　记忆题　此题考查班级授课制的发展。★

古罗马时期，昆体良首次提出了分班教学的思想，这是班级授课制思想的萌芽。夸美纽斯总结新旧各教派学校中实行班级授课的经验，提出并全面系统地论述了班级授课制度。因此，答案选 D。

11. 【解析】A　理解题　此题考查当代国外主要教学模式。★★★

A. 发现教学模式：在教师的指导下，学生围绕某个问题或活动，去发现知识的概念与原理，一般适用于理科的学习。

B. 掌握学习教学模式：以集体教学为基础，辅之以经常、及时的反馈，为学生提供所需的个别化帮助以及额外的学习时间，从而使大多数学生达到教学目标所规定的掌握标准的教学模式。

C. 问题教学模式：教师通过系列问题，帮助学生加深对知识的理解和认识。

D. 程序教学模式：教师将知识模块化，每学完一课，就及时给予学生强化，一般这样的教学是借助机器教学来实现的。

题干中，在教师的指导下，学生经操作概括出电流的知识，符合发现教学模式。因此，答案选 A。

12. 【解析】A　理解题　此题考查教学原则。★★★

"语之而不知，虽舍之可也"的意思是：如果老师开导了还是不懂，暂时放弃开导也是可以的。这句话体现的是量力性原则。因此，答案选 A。

13. 【解析】D　理解题　此题考查德育方法。★★★

A. "吾日三省吾身"的意思是：我每天多次反省自己。

B. "内省不疚，何恤人言"的意思是：通过内心的自我反省，如果发现自己没有做过任何愧疚的事情，那么就没有必要担心别人的议论和批评。

C. "见贤思齐焉，见不贤而内自省也"的意思是：见到有德行的人就向他看齐，见到没有德行的人就反省自身是否有和他一样的缺点。

D. "桃李不言，下自成蹊"的意思是：桃树、李树不会说话，但因其花朵美艳，果实可口，人们纷纷去摘取，于是便在树下踩出一条路来。比喻为人品德高尚、诚实正直，用不着自我宣传，就自然受到人们的尊重和敬仰，体现了榜样示范法。

A、B、C选项体现的都是自我教育法，D选项体现的是榜样示范法。因此，答案选D。

14. 【解析】B 理解题 此题考查德育模式。★

体谅模式也称"学会关心"的道德教育模式。体谅模式把道德情感的培养置于中心地位，强调道德教育要来源于生活，回归于生活，具有浓厚的人本主义色彩。因此，答案选B。

15. 【解析】B 理解题 此题考查教师劳动的特点。★★★

A. 长期性：对年轻一代的培养不是一朝一夕就能完成的，而是长期教育的结果。

B. 创造性：教师工作的创造性可以体现在因材施教上。

C. 示范性：中小学生的独立性、自我教育能力都比较欠缺，他们的学习往往是通过对教师的模仿来进行的。

D. 长效性：教师劳动的社会效益要在学生参加工作以后才能得到体现或检验。

题干中，孔子的做法是因材施教，体现了教师劳动的创造性。因此，答案选B。

16. 【解析】C 记忆题 此题考查汉代主要的教学方法。★★★

书院讲会活动产生于南宋，至明朝逐渐制度化。其中东林书院的讲会制度是明朝讲会制度的突出代表。所以讲论讲会不属于汉代的教学方法。因此，答案选C。

17. 【解析】A 理解题 此题考查"朱子读书法"。★★★

"朱子读书法"中"切己体察"的意思是：读书不能仅仅停留在书本上，还要见之于具体行动，身体力行。朱熹竭力反对只向书本上求义理，而不"体之于身"的读书方法。他强调的是将书中的伦理道德思想进行力行，并非近代以来所讲的实践与实验。因此，答案选A。

18. 【解析】A 记忆题 此题考查黄宗羲的教育思想。★

黄宗羲提倡普及教育，主张把寺观庵堂改为书院和小学，实现全国城乡"人人都能接受教育，人人尽其才"的理想。他提出"公其非是于学校"，认为学校不仅具有培养人才、改进社会风气的职能，而且还应该成为议论国家政事的场所，这一思想是中国古代对学校职能理论的创新。因此，答案选A。

19. 【解析】D 理解题 此题考查蔡元培"五育"并举的教育方针。★★★

世界观教育是引导人们具有实体世界的观念，但不是靠简单的说教可以实现的，其有效的方式是通过美感教育，利用美感这种超越利害关系、人我之分界的特性去破除现象世界的意识，陶冶、净化人的心灵。所以，美感教育是世界观教育的主要途径。因此，答案选D。

20. 【解析】B 记忆题 此题考查高校西迁。★

高校迁移中，国立北平大学、国立北平师范大学、国立北洋工学院被迁往陕西汉中，成立国立西北联合大学。而国立中央大学迁往重庆，是今天南京大学的前身。因此，答案选B。

21. 【解析】D 记忆题 此题考查智者派的教育活动与教育贡献。★

智者派的教育活动与教育贡献有：扩大教育对象，促进文化传播；扩大教育内容，拓展研究领域，包括确立"前三艺"等；提出培养政治家的教育目的；促进教师职业化，发现教育特殊性；形成教育理论，促进思想成型。而"后四艺"是由柏拉图确立的。因此，答案选D。

22. 【解析】B 记忆题 此题考查英国的"新大学运动"。★

新式大学主要以中产阶级为教育对象，采取寄宿和走读两种制度，收费低廉，是为了满足中产阶级子弟的需要。因此，答案选 B。

23. 【解析】A 记忆题 此题考查生计教育。★

1971 年，美国教育总署署长马兰为了提升学生的就业能力，倡导生计教育。生计教育的实质在于以职业教育和劳动教育为核心，引导和帮助人们在一生中学会许多新的知识和技能，以便在适应瞬息万变的社会过程中，实现个人生存与社会发展的双重目的。因此，答案选 A。

24. 【解析】C 理解题 此题考查夸美纽斯的普及教育思想。★★★★★

A、B、D 选项表述正确。C 选项的错误之处在于：夸美纽斯认为一切青年男女受教育的目的和程度是不相同的，权贵和富人子弟受教育是为了成为领袖人物，地位较低的人受教育是为了生计，女子受教育是为了照料家庭。因此，答案选 C。

25. 【解析】B 记忆题 此题考查新教育运动。★★★

A. 乡村教育之家——德国利茨创办的德国第一所新式学校。

B. 阿博茨霍尔姆学校——英国雷迪创办的欧洲第一所新式学校，标志着欧洲新教育运动的开始。

C. 罗歇斯学校——法国德莫林创办的法国第一所新式学校。

D. 夏山学校——英国尼尔创办的一所新式学校。

因此，答案选 B。

26. 【解析】B 理解题 此题考查布朗芬布伦纳的生态系统理论。★★★

A. 微观系统：指个体活动和交往的直接环境，是环境系统图中最里层的系统。

B. 中间系统：指各微观系统之间，如家庭、学校和同伴群体的联系或相互关系。如果微观系统之间有较强的、积极的联系，儿童发展可能实现最优化。相反，微观系统间的非积极的联系会产生消极的后果。

C. 时间系统：指将时间作为研究个体成长中心理变化的参照体系，要将时间和环境相结合来考察儿童发展的动态过程。

D. 宏观系统：指存在于微观系统、中间系统、外层系统中的文化、亚文化和社会阶层背景。

题干描述的是儿童在家庭中的地位待遇会影响其在学校中与同学的相处，属于中间系统。因此，答案选 B。

27. 【解析】C 理解题 此题考查认知同化过程。★★★

A. 派生类属：新知识是学习者认知结构中原有观念的特例。

B. 上位学习：学习者在已形成若干观念的基础上学习包摄程度更高的知识。

C. 相关类属：新知识的纳入使原有的观念得到扩展、深化、精确或限制。

D. 并列学习：新旧知识既无上位关系，又无下位关系，这时发生的学习就是并列学习。

题干中，新学的知识使原有的"尊老爱幼"行为被扩展深化，属于相关类属学习。因此，答案选 C。

28. 【解析】C 理解题 此题考查支架式教学。★★★

A. 随机通达教学：对同一内容从不同的角度进行多次交叉反复学习，以把握概念的复杂性并促进迁移。

B. 认知学徒制：知识经验较少的学习者在专家的指导下参与某种真实的活动。

C. 支架式教学：教学者在最近发展区内给学生提供适当的指导和支持，以帮助学生理解知识。

D. 抛锚式教学：让学生在真实的问题情境中进行学习。

题干中，教师先给学生提供写作模板、技巧等支架，然后引导学生进行自主创作，最终学生可以独立完成优秀的写作作品，属于支架式教学。因此，答案选C。

29. 【解析】B 理解题 此题考查观察学习理论的教育应用。★

抑制效应指个体由于看见榜样受到惩罚的结果而引起的反应倾向减弱。题干中，考试作弊的学生看到其他学生因作弊受到重罚，从而减少了作弊这种行为，属于抑制效应。因此，答案选B。

30. 【解析】C 理解题 此题考查学习策略。★★★

A选项为精细加工策略中的关键词法，B选项为组织策略，C选项为注意策略，D选项为时间管理策略。因此，答案选C。

二、论述题：第31~32小题，每小题15分，共30分。

31. 【答案要点】比较题 ★★★

（1）洋务运动是清政府于19世纪60—90年代由洋务派发起的改革，要求向西方学习，以维护封建统治。"中体西用"是洋务运动的指导思想，这一思想启动了中国近代教育改革的步伐。

（2）新政改革是19世纪末清政府被迫实行的教育改革，继续以"中体西用"为指导思想，这次改革更成体系，但最终依旧失败。

（3）新政时期的教育改革与洋务运动相比的进步之处：

①教育宗旨新。洋务运动的改革经验直到维新变法时期，才由张之洞全面总结为"中学为体，西学为用"，本质上是为了巩固封建统治秩序。新政时期的教育宗旨是"忠君、尊孔、尚公、尚武、尚实"，这一宗旨的根本思想就是"中体西用"，这是我国近代以来第一次正式宣布的教育宗旨。

②教育管理新。洋务运动时期没有专门领导教育改革的管理机构。洋务派所创办的新式学堂，如京师同文馆等，在管理上仍然属于部门办学。新政时期建立了专门的教育管理机构，如学部等，对全国的教育事务进行统一规划、管理和监督。

③学制改革新。洋务运动时期没有系统的学制改革。它创办的新式学堂种类较为单一，主要集中在军事、技术和外语等方面。其培养模式也比较简单，侧重于特定技能的传授，缺乏层次性规划。新政时期的教育改革是系统的学制改革，如颁布了"癸卯学制"等现代学制。它构建了从初等教育到高等教育的完整体系，明确了不同阶段教育的目标、课程设置、学制年限等，这体现了教育的连续性和全面性。

④留学制度新。洋务运动时期是小规模留学。派出的留学生数量少、规模小，如幼童留美和留欧教育，且在留学过程中面临诸多阻碍，幼童留美还最终夭折。新政时期是大规模留学，主要有留日教育和退庚兴学。政府鼓励并给予政策支持更多的学生出国留学，人数多且规模大，目的地多元化。

⑤选士制度新。洋务运动时期，科举制度仍然占据主导地位。新政时期彻底废除科举，这一举措完全改变了传统的选士制度，转而选拔西学人才。通过建立新的学校教育体系和相应的考试选拔制度，推动了中国教育从传统向现代的转型。

⑥改革程度深。洋务运动主要是器物层面的改革。在教育方面，主要是引进西方的技术知识，通过创办新式学堂和派遣少量留学生来学习西方的军事技术、工业技术等器物层面的知识。新政时期是制度层面的改革，更重要的是对教育制度本身进行了系统性的变革。新政时期比洋务运动时期改革程度更深。

【评分：至少要答出五个进步要点，每个要点3分。】

32. 【答案要点】述评题 ★

赫尔巴特的教学形式阶段理论勾勒了课堂教学的完整过程，是一个包括教学方法、教学形式等在内的规范化的教学程序。赫尔巴特的教学形式阶段理论以统觉论为基础，并以伦理学为教学的最终目的。

（1）教学过程：

①**明了**。教师讲解新教材，把教材分解为许多部分提示给学生，方便学生领悟和掌握。这时，学生的心理处于静止状态，学生的思维处于专心状态，其兴趣阶段是注意，教师适合用叙述（主要指直观教具和讲解结合）的方法传授知识。

②**联想**。通过师生谈话把新旧观念结合起来，但又没出现最后的结果。这时，学生的心理表现为动态，学生的思维还是处于专心状态。其兴趣阶段发展到期待新的知识，教师的任务是与学生交流，自由交谈是联想的最好方法。

③**系统**。在教师的指导下寻找结论和规则，使观念系统化，形成概念。这时，学生的心理处于静止状态，学生的思维处于审思状态，其兴趣活动处于要求阶段，教师要运用综合的方法，使知识系统化，从而使学生获得新知识。

④**方法**。通过练习把所学的新知识应用于实际，以检查学生对新知识的理解是否正确。这时学生的心理是动态状态，学生的思维处于审思状态，其兴趣点在于进行学习行动，教学方法主要是让学生做作业、写文章与修改等，对知识进行运用。

（2）积极影响：

①**规范化**。赫尔巴特教学形式阶段理论的突出贡献是在严格按照心理过程规律的基础上，对教学过程中的一切因素和活动进行高度抽象，建立了一种明确和规范化的教学模式。

②**国际化**。赫尔巴特思想的传人将他的教学形式阶段理论进行改造，建立了预备、提示、联想、系统和方法的五段式教学模式，并传播到世界各个角落。

（3）**消极影响：机械性**。赫尔巴特的教学过程极具操作性，但这使教师在教学中又缺乏了灵活性，体现了教学形式阶段理论所固有的机械论倾向。

【评分：教学过程10分，积极影响与消极影响共5分。】

三、材料分析题：第33~36小题，每小题15分，共60分。

33. 【答案要点】理论材料+综合题　★★★★★

（1）中国贫困地区辍学率高的原因：

①**家长观念落后，认为读书无用**。材料中，贫困地区一些落后的社会风气和传统观念对教育产生了负面影响，部分家长还存在"读书无用论"的观念，认为教育的投入与产出不成正比，大学生也可能面临就业问题，这使得一些家长和学生对读书的价值产生怀疑，降低了对教育的重视程度。

②**家庭经济困难，难以承担教育费用**。在农村地区，部分家庭经济状况较差，难以承担孩子的教育费用。甚至一些家庭为了维持基本生活，需要孩子尽早参与劳动或外出打工挣钱，导致学生被迫辍学。

（2）"越穷的地方越要发展教育"的原因：

①**根据人力资本理论，教育是形成人力资本的重要途径**。教育可以提高劳动者的知识水平、技能水平和综合素质，这些能力可以转化为劳动者的人力资本，对社会经济的发展起到促进作用。

对于材料中的贫穷地区而言，虽然可能缺乏物质资本，但发展教育可以积累人力资本。从长远来看，这些人力资本会转化为生产力，吸引外部投资、促进本地产业的发展，从而让贫困地区的经济得到发展。

②**根据再生产理论，教育是阻断贫困代际传递的重要手段**。在贫穷地区，人们面临着更多的社会不平等，如资源分配不均、机会缺乏等，一些家长不重视孩子读书可能导致家庭陷入长期贫困的循环。

发展教育能够为贫困地区的孩子提供平等的受教育机会，使他们有机会受到良好的教育，获得一技之长，摆脱落后的思想观念，通过努力实现自身的发展，甚至是带动整个地区的发展。

（3）**发展农村教育的措施**：

①大力发展职业教育。一个贫困家庭，如果有了职业教育的加持，学到一定的技术，也就有了真正的生存技能，也就有了脱贫的希望。

②大力发展普通教育。防止义务教育阶段儿童失学，追回和劝服辍学学生回归学校。加强普通教育所学内容的实用性和生活性，做好学以致用的教学改革，加强普通高中建设，开设通用技术课程，既为学生提供升学的机会，也为不能升学的学生提供职业技能知识储备。

③大力发展非正规教育。非正规教育作为正规教育的重要补充力量，作为着力发展农业、畜牧业等为乡村服务的机构和组织，应针对乡村子女进行培训，使他们掌握一技之长，助力乡村教育和产业的发展。

④高等教育录取适当向乡村倾斜。高考招生制度的适当倾斜，会加大乡村学生的录取比例，给乡村的学生带来更多希望。

34.【答案要点】理论材料+综合题 ★★★

(1) 目标：

**目标A**：喜欢/愿意与他人交往。

**目标B**：能与同伴友好相处。

**目标C**：具有自尊、自信、自主的表现。

**目标D**：关心尊重他人。

（说明：目标总结回答相关关键词即可得分。）

(2) 合理性：

①**基于马斯洛的需要层次理论**：3~4岁幼儿在生理和安全需要满足后，有社交需要。《指南》的要求符合该阶段幼儿心理，引导着教育者满足幼儿的社交需求，有利于幼儿的心理健康。

②**从皮亚杰的认知发展阶段理论角度看**：此阶段幼儿处于前运算阶段，虽以自我为中心但有初步社交互动能力。《指南》的要求有助于其克服自我中心主义，学会分享、合作等技能，如在平行游戏中学会尊重同伴。

③**结合艾里克森的心理社会发展理论**：3~4岁幼儿处于主动对内疚阶段，积极反馈其主动行为可有助幼儿发展自尊、自信、自主等品质。《指南》的要求契合该理论，幼儿在人际交往中获认可会增强自信。

④**依据班杜拉的自我效能感理论**：幼儿在家庭、幼儿园等环境中会观察到他人交往的行为模式及行为后果，好的行为后果有助于激发幼儿的交往动机。《指南》引导教育者为幼儿提供积极的交往榜样，从而促使幼儿愿意参与交往，并引导幼儿关注积极体验以提高其自我效能感。

⑤**根据维果茨基的文化—历史理论**：幼儿通过社会交往学习社会文化规范，《指南》的要求符合该需求，帮助幼儿在家庭和幼儿园环境中学习关心尊重他人这一良好行为。

⑥**基于科尔伯格的道德发展理论**：关心和尊重他人是基本的道德观念。《指南》的要求有利于幼儿在该阶段初步建立道德意识，为后续发展奠基。

（说明：考生在考场上一般写出五个理论即可，答案提供的角度仅供考生参考学习，如考生写出其他有理有据的理论，亦可得分。）

(3) 游戏建议及其理由：

①"玩具分享日"游戏：每周安排一天为"玩具分享日"。

**活动前**：教师通知幼儿将自己带来的玩具放在分享区。

**活动时**：教师让每个幼儿介绍自己带来的玩具的名称、玩法和特点，然后鼓励幼儿自由选择自己感兴趣的玩具进行玩耍，可以互相交换玩具，也可以一起合作玩玩具。教师在一旁观察幼儿的交往情况，适时引导幼儿学会分享、协商和合作。例如，当两个幼儿都想玩同一个玩具时，引导他们通过商量、轮流玩等方式解决问题。

活动后：教师让幼儿将玩具收拾好，放回原位，并鼓励他们回家后和家长分享在幼儿园的玩具分享经历。

②理由：培养幼儿的分享意识和合作能力，促进同伴之间的友好交往。帮助幼儿学会珍惜自己的玩具，同时体验到分享的快乐。

35. 【答案要点】案例材料+综合题 ★★★

(1) 作者的学生观：

①尊重学生的个体差异。作者从教多年，面对思维活跃且个体差异大的学生，喜欢注重生成性和启发式的课堂，这表明他认识到每个学生都是独特的，在教学过程中尊重学生的与众不同之处。

②强调学生的主动性。作者秉持"授人以鱼，不如授人以渔"的理念，认为教师应洞察学生状况，搭建"脚手架"，寻找"最近发展区"，引导学生自主学习，作者相信学生有自主学习和探索知识的能力。

③重视学生的全面成长。作者认为"比成绩更重要的是成长，比上课更重要的是育人"，表明他不仅仅关注学生的知识学习和成绩，更注重学生在知识、能力、道德品质等多方面的成长。

(2) 当前的学校教育并不矛盾，因为因材施教与"寻找集体的最大公约数"之间并不矛盾。

①因材施教。每个学生的禀赋潜质各有不同，教师需要根据学生的个体差异进行个性化的教育，就像朱熹所说"夫子教人，各因其材"，这是尊重学生个体独特性的体现，有助于挖掘每个学生的潜力。

②寻找集体的最大公约数。班级是一个集体，虽然学生存在个体差异，但也有共同的学习目标、成长需求等因素。寻找集体的最大公约数，是为了在集体教育中找到适合大多数学生的教育方式和内容，确保整体教育的有效性。

③二者相辅相成。因材施教是在集体教育的基础上针对个体差异进行的补充和优化，而寻找集体的最大公约数则为因材施教提供了一个宏观的教育框架，二者共同促进学生的发展。

(3) 兼顾学生个性与共性发展的措施：

①在班级授课制下进行分层教学。在班级统一教授数学课的过程中，将班级学生按数学的学习能力分为三组。教师针对不同层次的学生设计不同难度的教学任务，以适应学生之间的差异，如对优等生布置拓展性、探究性的数学作业，对薄弱学生则布置注重巩固基础知识的作业。

②小组合作学习。在小组合作完成数学项目时，每个学生都能根据自己的特点发挥作用，各有分工，又能相互帮助，取长补短，体现个性。同时，每个小组都有共同的任务目标，如完成对特定几何图形的全面探究。同时，教师会针对小组合作中普遍存在的问题，对全体小组进行统一的指导和讲解。

③走班制。在数学课程中实行走班制，根据学生的数学兴趣和能力水平设置不同的课程，如数学竞赛班、数学拓展班和数学基础巩固班等。学生可以根据自己的情况选择适合自己的班级上课，如在竞赛班的学生可以深入学习高难度的数学知识，进行数学竞赛训练；学校要制定基本的数学教学大纲，确保走班制下的各个班级都涵盖基本的数学知识体系，以保证全体学生都能达到基本的数学素养要求。

36. 【答案要点】案例材料+综合题 ★

(1) A、B教师采用不同的教学方式对学生创造性发展的影响：

①A教师：新型教学方式。

a. A教师培养出学生自我探索的意识。该教师通过设计问题情境、提供材料资源的方式，引导学生独立发现问题，并尝试解决问题。

b. A教师的教学方法促进学生良好思维习惯的养成。在课堂上，教师经常启发学生，提出挑战性的问题，培养了学生解决问题的广度和深度，让他们养成了勇于挑战常规、不拘一格的思维习惯。

②B教师：传统教学方式。

a. B教师注重灌输的教学方式，抑制了学生的创造力。这种教育方式下，形成了一种单向传授的模式，学生被动地接受教师的指令和知识讲解，容易变得死板、缺乏创造力。

b. B教师过于尊重权威的教学方式，桎梏了学生的创造力。采用统一的教学模式，统一的教学内容，统一的课后作业，统一的考试及标准的答案，一切都遵循权威，只会压抑个性，束缚创造精神。

(2) 从创造性的基本结构角度分析A教师的教学方式：

①A教师具有创造性认知品质。魏书生老师没有按照教学参考书的统一要求，而是以学生为主体，充分发挥学生的自主性，通过开发学生的学习思维来带动整个课堂的节奏，这是他创造性思维的体现。

②A教师具有创造性人格品质。魏书生老师表现出较高的内部动机、更积极的情感体验。魏书生老师面对学生说他"懒"的评价，机智地回答"只有懒老师才能培养出勤学生"，赢得了学生的掌声。

③A教师具有创造性适应品质。创造性适应品质表现为创造的行为习惯、创造策略和创造技法的掌握运用等。魏书生老师教学不求形式的变化和多彩，他更追求上课的实质，锻炼了学生的思维能力。

(3) 教学方案与教学过程设计：

①课题名称：新龟兔赛跑。

②设计意图：教师通过发展学生的想象力来激发学生的学习兴趣，进而培养学生的创造性思维。

③教学过程：

第一步：导课。同学们，你们都听过龟兔赛跑的故事吧？龟兔赛跑以后，兔子特别后悔，它决定再和乌龟比一次。乌龟接到挑战书以后，心想："兔子这次一定不会再犯同样的错误了"，它精心准备了一番。但是，兔子还是输掉了比赛。这是为什么呢？

第二步：制定规则。大家可以说出各种可能的原因。规则如下：a. 不允许有任何批评意见；b. 欢迎异想天开；c. 说出原因最多的一组获胜；d. 获胜组同学分享。

第三步：合理分组，组织讨论。

第四步：各组发言，展示讨论的结果。

第五步：教师点评与总结。教师对各小组的发言进行评价，包括小组的合作过程、学习成果质量等方面。要肯定小组的优点，同时也要指出存在的问题和不足之处。然后引出"创造性培养"学习的主题。

# 333教育综合模拟卷（三）
## 答案及解析

**一、单项选择题：第1~30小题，每小题2分，共60分。**

1. 【解析】C　理解题　此题考查谢弗勒对教育定义的分类。★★★★

   A. 描述性定义：指对被定义对象的适当描述或对如何使用定义对象的适当说明。

   B. 操作性定义：根据可观察、可测量、可操作的特征来界定变量含义的方法。谢弗勒教育定义的分类里无此说法。

   C. 纲领性定义：指一种关于定义对象应该是什么的界定。

   D. 解释性定义：谢弗勒教育定义的分类里无此说法。

   题干中，加里宁的这句话表达了他的教育思想和教育价值取向，蕴含了教育应该是什么的界定。因此，答案选C。

2. 【解析】C　理解题　此题考查教育与社会关系的主要理论。★★★

   筛选假设理论又称文凭理论，主张教育并不能提高人的能力，教育只是一个筛子，是用来区别不同人的能力的手段，教育具有筛选功能。因此，答案选C。

3. 【解析】C　理解题　此题考查教育的相对独立性的特点。★★★

   教育的相对独立性指教育作为社会的一个子系统，对社会其他子系统具有能动的反作用，如教育具有政治功能、经济功能等。教育的相对独立性表现在：教育是有目的地培养人的活动，主要通过所培养的人作用于社会；教育具有自身的活动特点、规律与原理；教育与政治、经济、文化发展不同步，教育往往具有滞后性、长效性和前瞻性；教育具有自身发展的继承性与连续性。A、B、D选项符合题意。教育的阶级性是教育所具有的社会属性，但不是教育相对独立性的表现。因此，答案选C。

4. 【解析】C　理解题　此题考查影响人的身心发展因素的理论。★★★★

   题干的这句话出自荀子，意思是：人的本性，一生下来就有喜欢财利之心，依顺这种人性，所以争抢掠夺就产生了，而推辞谦让就消失了……所以一定要有师长和法度的教化、礼义的引导，然后人们才会产生辞让之心，行为合乎礼法，最终实现社会的安定。这是外铄论的观点，主张人的发展主要依靠外在的力量。

   A. 孟子的观点，意思是：仁、义、礼、智，这不是外界磨砺出来的，而是我自己本身就拥有的，我从来就没有想过离开这些。这属于内发论。

   B. 威尔逊的观点，主张基因复制，即遗传是人发展的决定力量，属于内发论。

   C. 欧文的观点，主张人的性格都是由外力决定的，属于外铄论，与题干观点相符。

   D. 卢梭的观点，主张教育孩子要遵循自然，属于内发论。

   因此，答案选C。

5. 【解析】B　记忆题　此题考查我国的教育方针。★

   2021年新修订的《中华人民共和国教育法》规定，目前我国的教育方针是"教育必须为社会主义现代化建设服务、为人民服务，必须与生产劳动和社会实践相结合，培养德智体美劳全面发展的社会主义建设者和接班人"。因此，答案选B。

6. 【解析】B　理解题　此题考查教育目的理论。★

社会本位论的代表人物有柏拉图、凯兴斯泰纳、涂尔干、赫尔巴特、孔德等。这一理论认为教育目的的制定应该由社会的需要决定。题干中培养哲学王、军人、手工业者，是为了让他们各司其职、各安其位，形成正义之邦（国家）。这属于社会本位论的观点。因此，答案选 B。

7. 【解析】D　理解题　此题考查职业教育。★★★

职业教育以就业为目标，旨在让受教育者获得某种职业或生产劳动所需要的职业知识、技能和职业道德。普通教育以升学为目标，以基础科学知识为主要教学内容，二者的培养目标不同。2022 年新修订的《中华人民共和国职业教育法》规定职业教育与普通教育具有同等重要的地位。因此，答案选 D。

8. 【解析】A　理解题　此题考查课程理论流派。★★★

学科中心课程理论强调以学科知识为课程中心，严格按照每门学科的逻辑体系组织材料，并在此基础上进行分科教学，其代表是要素主义课程和永恒主义课程。题干中"主张教育的目的是传递人类共同的文化遗产，学校课程应教给学生知识"，体现了要素主义的课程观。因此，答案选 A。

9. 【解析】D　理解题　此题考查课程类型。★★★★★

A. 核心课程：指打破原有学科界限，围绕一些重大社会问题组织教学内容。

B. 融合课程：指打破了学科界限，把具有内在联系的不同学科知识合并成一门课程。

C. 相关课程：指两门或两门以上的具有科际联系点的学科知识综合在一门课程中，但不打破原来的学科界限。

D. 广域课程：指将各科教材依照性质归到各个领域，再将同一领域的各科教材加以组织和排列，进行系统教学的课程。

题干中，将多个学科整合为社会科学课程，包含的领域较多，属于广域课程。因此，答案选 D。

10. 【解析】B　理解题　此题考查布卢姆的教育目标分类学。★★★

布卢姆主张能够作为教学目标的项目，必须是通过短期教学可达到的、具体化的、可观察的、可测量的外显行为。A、C、D 选项均为短期教学可完成的具体的目标。学生的创新意识与批判思维能力不可能在短期的教学中得到提升，不是具体可行的教学目标。因此，答案选 B。

11. 【解析】D　记忆题　此题考查教学模式。★★★

暗示教学模式在于通过各种暗示手段，充分调动学生的无意识心理活动，运用鲜明的形象强化外围知觉，唤起学生的视听感觉，使学生在轻松、舒畅的情况下进行学习，进而不断促进学生的生理及心理潜力的发展。因此，答案选 D。

12. 【解析】B　理解题　此题考查教学评价。★★★

A/D. 相对性评价又称常模参照性评价，是用常模参照性测验对学生成绩进行评定，依据学生个人的成绩在该班学生成绩序列中或常模中所处的位置来评价和决定成绩优劣，比如学校的考试排名等。

B. 绝对性评价又称目标参照性评价，是用目标参照性测验对学生成绩进行评定，依据教学目标和教材编制试题来测量学生的学业成绩，判断学生是否达到了教学目标的要求。

C. 终结性评价又称总结性评价，是在一个大的学习阶段后，对学生学习的成果进行制度化的正规考查、考试及其成绩评定。

题干中，判断学生是否达到读音准确、书写笔画基本正确、能简单组词等教学目标的要求，属于目标参照性评价。因此，答案选 B。

13. 【解析】A　理解题　此题考查德育原则。★★★

教育影响的一致性原则指进行德育时应当有目的、有计划地把来自各方面对学生的教育影响加以组织、调节，使其互相配合、协调一致地进行，以保障学生的品德能按德育的目标发展。题干中，小明在家和在学校的做法大相径庭，有可能是因为小明受到了不同的教育。在学校，老师教育同学们要爱护班级卫生，而在家里家长溺爱孩子，几乎不让小明参与任何家务劳动，即违背了教育影响的一致性原则。因此，答案选A。

14.【解析】B 理解题 此题考查德育途径。★★★

德育途径分为直接与间接两种。直接的德育途径指通过开设专门的德育课程（如思想品德课等），系统地向学生传授道德知识和道德理论。间接的德育途径是在其他学科教学或教育实践活动中，通过道德渗透的方式，潜移默化地引导学生形成和掌握道德知识与道德观念的教育活动。题干中，地理老师在课堂教学中引导学生思考环境保护的问题，是以学科育人的方式对学生进行道德渗透。因此，答案选B。

15.【解析】B 理解题 此题考查教师劳动的特点。★★★

A. 教学方法的不断更新与教育机智的运用体现了教师劳动的创造性。教师面对不同的学生要采用不同的教学方法，在教学设计上体现创造性，在学生差异上体现因材施教。

B. 教育任务的多样性和教育对象的差异性体现了教师劳动的复杂性。教师任务的多样性和学生状况的复杂性制约着教师劳动的复杂性。

C. 教育工作基于专门的知识与专业技能体现了教师劳动的专业性。教师需要有专业知识、专业技能和专业精神。

D. 对年轻一代的培养是长期教育的结果体现了教师劳动的长期性。对年轻一代的培养不是一朝一夕就能完成的，而是长期教育的结果。

因此，答案选B。

16.【解析】D 理解+综合题 此题考查孔、孟、荀、墨的教育思想。★★★

A. 错误。孔子在教育方法上强调启发诱导、因材施教等；墨子是中国教育史上第一个明确提出"量力"教育方法的人。

B. 错误。荀子提出教育应以"大儒"为最理想的目标；孟子提出"大丈夫"的理想人格。

C. 错误。荀子最为提倡尊师，学生对教师的无条件服从，主张"师云亦云"；孟子强调尊重教师，但反对不假思索的"师云亦云"。

D. 正确。墨子主张"合其志功"，"志"是动机，"功"是效果，即教育实践强调动机与效果的统一。

因此，答案选D。

17.【解析】C 记忆题 此题考查王充的培养目标。★

王充把知识分子分为五个级别，从高到低依次为鸿儒、文人、通人、儒生、文吏。其中，文人知识渊博，能够融会贯通，将书本知识与社会实际政治相结合，并加以评论，提出自己的建议。因此，答案选C。

18.【解析】B 理解题 此题考查东林书院。★

东林书院主张学术与政治相结合，以学术和道德的力量干预朝政；推崇程朱理学，反对当时流行的王守仁"心学"；在学习之余评判权贵，揭露腐朽；制定《东林会约》，规定定期举行学术讲会，讲授后相互讨论。因此，答案选B。

19.【解析】C 理解题 此题考查近代学制。★★★

A. 错误。近代第一个正式颁布的法定学制——"壬寅学制"。

B. 错误。近代第一个颁布并实施的法定学制——"癸卯学制"。

C. 正确。近代第一个资产阶级性质的学制——"壬子癸丑学制"。

D. 错误。近代第一个以中央政府名义制定的全国性学制系统——"壬寅学制"。

因此，答案选 C。

20. 【解析】D  记忆题  此题考查平民教育思潮的教育实践。★★★

平民教育思潮分为两部分。一部分以陈独秀、李大钊、邓中夏等初步具有共产主义思想的知识分子为代表。他们的实践活动有：1917年，毛泽东在湖南第一师范学校读书期间举办了工人夜校；1919年，邓中夏发起组织了"平民教育讲演团"并负责筹备了长辛店劳动补习学校。另一部分以资产阶级和小资产阶级知识分子为代表。他们的实践活动有：北京高等师范学校的师生于1919年组织了平民教育社；朱其慧、陶行知、晏阳初于1923年组织成立了中华平民教育促进总会，向全国推广平民教育；晏阳初主编出版了教材《平民千字课》。因此，答案选 D。

21. 【解析】C  记忆题  此题考查亚里士多德的教育思想。★★★

亚里士多德提到了人成为人的三个因素：天性、习惯和理性。天性和习惯受理性的领导，人又是通过教育来发展理性的，所以，教育在于促进人的理性的发展。因此，答案选 C。

22. 【解析】D  记忆题  此题考查昆体良的教育思想。★★★

A. 错误。昆体良第一次提出双语教育问题，主张先学希腊语，再学拉丁语。

B. 错误。昆体良认为培养雄辩家时，善良的品德是第一位的，雄辩术才能居于第二位。

C. 错误。昆体良认为学校教育优于家庭教育。

D. 正确。昆体良反对当时流行的儿童7岁以前不宜学习知识的观点，认为学前阶段要进行德智并重的教育。在教学方法上，他重视快乐教育。

因此，答案选 D。

23. 【解析】B  记忆题  此题考查英国的教育法案。★

《巴特勒教育法》也称《1944年教育法》，提出面向所有学生提供免费接受中等教育的原则，使中等教育成为连接初等教育和继续教育或高等教育的中间环节，基本形成了现代英国国民教育制度。因此，答案选 B。

24. 【解析】B  记忆题  此题考查教育心理学化教育思潮。★

第斯多惠使"教育适应自然"这一术语直接被"教育心理学化"所代替，推动了教育心理学化的应用。他力图用当时心理学的研究成果揭示人的自然本性及其发展规律，主张教育要尊重人的自然发展规律，教育要充分考虑学生的年龄特点和个性差异。因此，答案选 B。

25. 【解析】B  记忆题  此题考查要素主义教育的师生关系。★

A. 这属于存在主义的师生观。

B. 要素主义教育反对指责发挥教师的作用就是在压抑儿童自由的观点，主张教师在教育教学过程中的核心和权威地位，认为教师的管束是正当的。

C. 这属于改造主义的师生观。

D. 这属于结构主义的师生观。

因此，答案选 B。

26. 【解析】B  理解题  此题考查科尔伯格的道德认知发展阶段理论。★★★

维护权威或秩序的定向阶段的个体服从团体规范，认为要尽本分，要尊重法律权威，个体判断是非已有了法制观念。判断某一行为的好坏，要看它是否符合维护社会秩序和法律的要求。这一阶段不赞同海因兹偷药的原因是人们不该违法乱纪偷东西，处于维护权威或秩序的定向阶段。因此，答案选 B。

27. 【解析】B 理解题 此题考查逃避条件作用。★★★

逃避条件作用指当厌恶刺激或不愉快情境出现时，有机体做出某种反应，从而逃避了厌恶刺激或不愉快情境，该反应在以后的类似情境中发生的概率会增加。题干中，躲开蚊虫或将其拍死，都属于在厌恶刺激的信号出现时有机体做出反应，从而逃避厌恶刺激。因此，答案选B。

28. 【解析】A 理解题 此题考查奥苏伯尔的学习性质分类。★★★

奥苏伯尔等人依据学习进行的方式，将学习分为接受学习和发现学习；依据学习材料和学习者原有认知结构的关系，将学习分为机械学习和有意义学习。题干中，学生听物理老师讲课属于接受学习，同时学生在听讲的过程中有所思考，并能将所学知识灵活运用，表明学生在学习时建立了新旧知识之间的联系，属于有意义的接受学习。因此，答案选A。

29. 【解析】A 理解题 此题考查目标定向理论。★★★

能力实体观认为能力是固定的、不可改变的，持有能力实体观的学生倾向于设置表现目标，即能让他人对自己的表现做出好评的目标。这类学生有向他人展示自己才智和能力的意愿，但极力回避那些可能失败或会表现出自己低能的情境，因此他们倾向于选择那些容易实现并能够证明自己有能力的工作。题干中，小亮的行为符合能力实体观，倾向于设置表现目标。因此，答案选A。

30. 【解析】B 理解题 此题考查问题的分类。★★★

结构良好问题是具有明确的目标、条件和需解答的问题。因此，答案选B。

二、论述题：第31~32小题，每小题15分，共30分。

31. 【答案要点】述评题 ★★★

蔡元培的"思想自由，兼容并包"的教育思想是指在学术和教育领域倡导人们能够自由地思考、探索，同时广泛接纳不同的学术思想、流派和人才，营造多元、开放、包容的学术氛围。

(1) "思想自由，兼容并包"的内涵：

①在高校研究方面，"大学者，'囊括大典，网罗众家'之学府也"。大学的宗旨是研究高深学问，各种学问在大学都应该被自由地研究和讲授，这样大学才能对学术的发展起到促进作用。

②在教师的聘任方面，蔡元培以"学诣"为主，罗致各类学术人才，使北大教师队伍一时出现流派纷呈的局面。

③在教育对象方面，北大开创了我国公立大学招收女生的先例。

④在高等教育服务社会方面，北大实行旁听生制度，让教学和学术活动向社会公开，还开办了不少平民学校和夜校等，努力服务于社会。这些都有利于提升我国大学的开放性和平民化程度。

(2) "思想自由，兼容并包"的具体措施：

①提倡抱定宗旨，改变校风。a. 改变学生观念，让学生抱定"大学是研究高深学问之所"的宗旨；b. 整顿教师队伍，延聘积学热心的教员；c. 发展研究所，广积图书，引导师生的研究兴趣；d. 砥砺德行，培养正当兴趣。

②提出教授治校，民主管理。为贯彻这一原则，蔡元培在北大建立了全校最高的立法机构和权力机构，还把治理大学的任务交给了教育家，让真正懂学术的人管理教育。

③学科与教学体制改革。a. 扩充文理，改变"轻学而重术"的思想，加强基础学科学术研究的比重；b. 沟通文理，废科设系；c. 改年级制为选科制（学分制），目的是让学生"尚自然，展个性"。

(3) "思想自由，兼容并包"的影响：

①对北大来说，"思想自由，兼容并包"是改革成功的金钥匙。"思想自由"是世界各国名校发展的通

例，遵循自由原则才能保证百家争鸣、学术繁荣。"兼容并包"不仅包容不同的学术和学说流派、不同的人物和主张，还包容女生和旁听生。"兼容并包"也并非不偏不倚，而是有所抑扬。在当时，封建专制思想文化本已根深蒂固，所包容的主要是资产阶级乃至无产阶级的新思想、新文化和新人物。

②对高等教育来说，北大改革是高等教育近代化发展中的里程碑。蔡元培通过北大改革形成了一个比较完整的资产阶级性质的高等教育思想体系，反映了民族资产阶级对民主、自由的教育追求。北大改革不仅改变了自身面貌，也对其他大学的建立和发展起到了巨大的思想启发作用。

③对其他领域来说，北大是新文化新思想的传播中心。北大改革的影响远远超出了教育领域，它成为当时新文化运动和马克思主义的传播中心，也是"五四运动"的策源地。

【评分："思想自由，兼容并包"的内涵5分，具体措施5分，影响5分。】

32. 【答案要点】比较题　★★★

(1) 简介：

①福禄培尔被誉为"幼儿教育之父"，他第一次在教育史上提出了较为完整的幼儿教育思想。

②蒙台梭利被誉为"儿童世纪的代表"，在幼儿教育上，她是自福禄培尔以来影响最大的教育家。

(2) 相同点：

①理论基础：他们都受到卢梭思想的强烈影响，反对传统教育对儿童身心的束缚和压迫，都赞同内发论和"性善论"。

②重视幼儿：他们都极其重视幼儿期，尤其是1~6岁幼儿期的教育，重视童年生活对人生的影响，倡导建立专门的幼儿社会教育机构及培训大批合格的教师来从事幼儿教育工作。

③尊重儿童：他们都强调儿童发展的自主性，主张以儿童为本位，要求认真研究儿童的特点，遵循自然，强调教育中自由及活动的重要性。

(3) 不同点：

①理论基础：福禄培尔的教育理论以德国古典唯心主义哲学为基础，同时受到宗教的影响；蒙台梭利的教育理论主要以近代科学、哲学及心理学，特别是生物学、生理学为基础，其宗教唯物主义色彩没有福禄培尔的浓厚。

②教育内容与方法：福禄培尔倡导"游戏""恩物""作业"，强调应通过游戏来发展幼儿的想象力和创造力；蒙台梭利则主张"工作"、自由教育、感官教育（包括读、写、算的练习）、实际生活训练等，否定了创造性游戏在幼儿教育中的重要作用。

③教学组织形式：福禄培尔要求组织集体教学；蒙台梭利则主张个别活动。

④教师作用：在福禄培尔的幼儿园里，教师被视为"园丁"，须承担对幼儿的关心、指导乃至教学的职责；在蒙台梭利的幼儿学校中，教师被称为"指导者"，只承担指导、引导及环境保护、看护的职责。

⑤教育对象：福禄培尔的幼儿园主要招收中产阶层子女，实行半日制，不供膳；蒙台梭利的幼儿学校则主要招收贫民子女，实行全日制，供膳。

【评分：相同点5分；不同点10分。】

三、材料分析题：第33~36小题，每小题15分，共60分。

33. 【答案要点】政策材料+单一题　★★★★★

(1) 理解：

①人工智能的发展对劳动者素质提出新的要求。人工智能的自动化和智能化将取代那些涉及重复性和常规任务的工作，我们要改变原有的传统教学方式，重新思考未来的劳动力需求、关键技能，培养可以领导人

工智能的学生。

②**人工智能的发展对教学方式提出新的要求**。从低阶的题海战术，走向高阶的问题导向、观念整合、迁移应用、创新创造，形成"学以致用、用以致学"的有机闭环，以人工智能激活人的学习与发展潜能，而不是用人工智能取代人类劳动。

(2) **科技与教育的关系**：

①**科技对教育的推动**。首先，**科技可以丰富教育资源**。互联网的普及让学生可以轻松获取海量的学习资料、在线课程、学术文献等，打破了时间和空间的限制。其次，**科技为教育带来了新的教学方法和手段**。例如，多媒体教学、虚拟现实等技术可以使教学更加生动、直观，提高学生的学习兴趣和参与度。最后，**科技可以提高教育管理和教学过程的效率**。科技通过智能化教学平台实现教学资源精准推送、自动化教学评估以及高效的师生互动。

②**教育对科技的促进**。首先，**教育可以培养科技人才**。学校通过系统的教育教学，培养学生的科学知识、技能和创新能力，为科技发展提供人才支持。其次，**教育可以传播科技知识**。学校通过课程设置和教学活动，向学生传授科学技术的基本原理、方法和最新进展，提高学生的科学素养。最后，**教育有利于推动科技创新**。教育机构与企业、科研机构的合作，可以促进科技成果的转化和应用，可以推动科技创新。

③**科技与教育相互依存、相互促进**。科技的发展为教育提供了新的机遇和挑战，推动教育不断创新和进步；教育的发展则为科技提供了人才支持和知识传播的渠道，促进科技的持续发展和创新。

（说明：考生只要说明二者的相互影响就好，如科技会影响和制约教育、教育具有科技功能等类似的标题句。不同教材对科技与教育的相互影响的阐述也有所不同，考生不必细究细节标题句是否与课堂所学一致，言之有理即可。）

(3) **措施/方法**：

①**在教学目标上，培养科技和创新人才**。借助人工智能分析学生特点与社会需求，精准设定培养核心素养的教学目标，利用人工智能动态调整目标，确保教学目标始终适应学生发展和未来社会需要。

②**在教学方式上，促进人工智能参与课堂教学**。运用人工智能实现个性化教学，为不同学生定制专属学习路径。采用人工智能辅助的互动式教学，增加课堂参与度和趣味性。

③**在教学内容上，学习前沿的科技知识**。融入人工智能知识，促进跨学科整合，利用人工智能更新教学内容以紧跟现实。

④**在评价方式上，促进评价手段智能化**。借助人工智能实现多元化评价，提升评价的科学性和效率。通过人工智能提供个性化反馈，助力学生改进学习。

⑤**在教师角色转变上，突出教师育人职能**。教师要努力成为学生学习的设计师、引导者、促进者和情感支持者，利用人工智能做简单重复的工作，教师将有更多时间从事个性化的育人工作，更突出教师专业性。

⑥**在教学管理上，实现智能管理高效化**。利用人工智能实现智能化教学管理，提高管理效率。借助人工智能分析数据，优化教学管理决策。

34. 【答案要点】理论材料+综合题　★★★

(1) **运用生态系统理论解释社会焦虑现象**：

①**微观系统**：指个体活动和交往的直接环境。在家庭中，父母对孩子期望过高、教养方式不当、家庭关系不和谐，都容易使孩子焦虑。在学校中，学生面对学业成绩、人际关系的压力，也容易产生焦虑。

②**中间系统**：指各微观系统之间的相互关系。微观系统之间的非积极的联系会产生消极的后果，如家校沟通不畅，会使孩子夹在其中产生焦虑情绪；再如儿童在家庭中被溺爱，一旦在学校享受不到偏爱，心理状

态就会失衡而产生焦虑。

③外层系统：指那些儿童并未直接参与，但却对他们的发展产生影响的环境。如社会竞争激烈，资源分配不均，父母工作压力大，为了获取资源不得不"卷"，可能将焦虑情绪传递给孩子。

④宏观系统：指存在于前三种系统中的文化环境。当下的大学生"就业难"、教育内卷等问题，使社会陷入普遍焦虑。

⑤时间系统：指某种环境下学生受到的长期影响。人们一生的每个阶段都可能因社会环境、个人情况、家庭情况的改变而面临种种问题，如升学、就业阶段都可能面临长期的压力。

（2）**分析**：学生将以往成绩不佳与家长、老师的批评联系起来，引发负面情绪。多次经历后学生就将考试和负面情绪建立起联系。每当学生面临考试，即使还没有开始考试，也会感到焦虑。这一过程体现了以下规律：

①**习得**。原本批评会让人焦虑，现在批评+考试会让人焦虑，学生就习得了考试会引发焦虑。

②**泛化**。考生也许从某一次、某一科考试没有考好引发焦虑，逐渐到任何考试都会焦虑。

③**高级条件作用**。从原本批评引发焦虑逐渐到认为考试成绩不好，会被批评，进而焦虑，甚至从通知考试就已经开始焦虑。

④**第二信号系统**。很多学生仅听说有考试，或看见考试通知的文字说明，就开始焦虑，因为第二信号系统是由以语言符号为中介引发的。

（3）**思路**：

①**心理方面**：多鼓励，安慰。教师对该学生进行心理疏导，给予他积极的心理暗示，减轻他面对考试的焦虑。

②**考试方面**：教师先给该学生简单的试题，让他体验成功，获得胜任感，减少习得性无助感，随后试题逐步回归到正常难度。

③**学习策略方面**：教师多教授该学生认知策略、元认知策略和资源管理策略，帮助他掌握正确的学习方法，改善学习效果。

④**评价方面**：教师及时给予该学生正面反馈，表扬他的点滴进步，促进他形成积极的自我概念。

（说明：思路至少答出三条，言之有理即可。）

35. 【答案要点】理论材料+综合题　★★★

（1）**师德的主要表现**：材料中认为教师的师德主要表现在对学生无差别的关爱和责任。学生生来具有差异性和个性，每个学生不可能完全一样，包括学业水平各方面都会不一样。教师不该依据成绩将学生分类，每个学生都是独一无二的，教师应该对所有学生都尊重理解、给予关爱，努力发现每个学生的闪光点。

（2）**因材施教与教育公平的关系**：

①**教育公平的内涵**：首先，同等对待相同的学生。人人都可以上学，所有的学生不论性别、贫富、出身等均享有同等的受教育权利和受教育机会。其次，区别对待不同的学生。每个学生在学校里可以享受到适合自己的教育。最后，优待处境不利的学生。

②**因材施教的内涵**：以学生个体差异为依据，通过多样化教学方法和个性化评价体系，尊重差异并满足不同学生的学习需求。

③**二者的关系**：**因材施教恰恰体现着教育公平**。因材施教是指根据学生的个体差异来实施教育，能够做到尊重个体差异，这本身就是教育公平的体现。因材施教能够满足不同学生的多样化的教育需求，从而保障教育公平的实施。因材施教有助于提升整体的教育质量，促进学生的全面发展，促进公平而有质量的教育的

发展。

(3) 给教师的建议：

①**教师要加强自我修养**。教师不能只做传授书本知识的教书匠，而要成为塑造学生品格、品行、品味的大先生。只有这样，教师才有可能看到学生学习成绩以外的闪光点。

②**教师要多观察学生**。教师能发现学生的闪光点离不开一双善于观察的眼睛。

③**教师要多参与学生的活动**。教师要加强社会实践锻炼，在实践锻炼中联系学生，理解学生，发掘学生身上的长处和闪光点。

④**教师要多加强和学生的交流沟通**。教师距离学生越近，越能发现学生的优点。

⑤**教师要多加强家校沟通**。通过家校沟通，教师可以了解学生校外的表现，更能发现学生的优点。

36. 【答案要点】案例材料+单一题 ★★★★★

(1) 体现的迁移的类型：

①**知识的迁移**：一种知识的获得对另一种知识的形成的影响。海伦对"水"和"想"的理解均对她学习及理解"爱"产生了影响。

②**顺向迁移**：前面的学习对后面的学习的影响。海伦对"水"这种具体概念的学习影响了后来对"爱"这种抽象概念的学习。

③**逆向迁移**：后面的学习对前面的学习的影响。海伦先接触到"爱"，但当时未能明白，在理解了"想"，知道抽象概念的存在后，才掌握了先前学习的"爱"的含义。

④**正迁移**：一种学习对另一种学习的积极影响。海伦对"想"的理解促使她转变思路，从抽象方面理解"爱"，最终掌握了"爱"的含义，这是一种积极的影响。

⑤**负迁移**：一种学习对另一种学习的消极影响。海伦学习了"水"之后，学习模式固化，认为爱和水一样都是可以"摸一摸、感知一下"的东西，这使得她未能理解"爱"的含义，产生的是消极影响。

⑥**水平迁移**：个体把已学到的经验推广应用到其他内容和难度类似的情境中。海伦在学习了"想"的概念以后，迁移到对同属概念"爱"的学习中。

⑦**近迁移**：把所学经验迁移到与原来学习情境比较相似的情境中。这体现在海伦对"想"和"爱"的学习，它们同属抽象概念。

（说明：考生写出其中的三种即可，答案多写了一些，可供考生了解和选择。）

(2) 从知识理解的生成过程层面分析海伦的学习：

①**理解的前提是各种长时记忆的信息进入短时记忆**。由于身体原因，海伦是通过触摸的方式与他人沟通、学习的，她用手感受水流及老师手指的书写便是获得学习信息的过程。

②**引起学习动机，进行选择性知觉**。莎莉文老师在海伦手上写字的过程引起海伦的注意，她具有了学习动机，所以才会静静地站着，感受老师的手指，最终习得新知识。

③**新知识与已有知识经验建立某种联系**。海伦学习的"水"是一个简单的单词，但她可以将手中的物体与"水"这一单词相联系，是因为她头脑里已经有了关于"水"的感觉印象。

④**主动地建构新信息的意义**。海伦提到的"'水'就是我手上流过的清凉的东西"表明她完成了对新信息意义的建构。

⑤**如果意义建构不成功，需要考虑长时记忆中的其他知识经验**。海伦在接触到"爱"的含义时，惯性地将它与过去通过摸一摸就能掌握含义的物品等同，但因为当时的她没有接触过抽象概念，所以无法通过检索其他知识经验的方法去理解"爱"的含义。

⑥如果意义建构成功，即达到了意义的理解。海伦在领悟到"想"的意思后，将经验套用在理解"爱"上，很快便理解了"爱"的含义。

⑦改变图式，促进记忆。海伦原本的图式是"词汇与实物相对应"，在理解了"想"与"爱"的含义后，她的图式改变了，知道了词汇还可以与抽象概念相对应。

(3) 影响知识理解的因素：

①客观因素：学习材料的内容、形式和教师的言语提示及指导都是影响知识理解的客观因素。实体的"水"的习得难度与抽象概念的"爱"相比容易许多，这体现了学习材料的内容与形式对知识理解具有重要影响作用；海伦先天学习条件不足，所以知识理解比常人困难，但莎莉文老师的独特指导使得海伦成功理解知识，这体现了教师的指导作用。

②主观因素：

a. 学习者原有的知识经验背景。如海伦知道存在物质"水"，就可以学会单词"水"。

b. 学习者要有主动理解的意识倾向和方法策略。海伦在老师教导她"水"的含义时表现出学习兴趣，在知道了"想"的含义后试图用来理解"爱"，她能成功理解与她主动理解的意识倾向和方法是分不开的。

c. 学习者的认知结构特征。海伦在头脑中没有有关抽象概念的知识时，理解同为抽象概念的"爱"就非常困难，这体现了学习者的已有认知结构特征对知识理解的影响作用。

d. 学习者的能力水平。海伦虽然身体具有缺陷，但智力没有问题，所以可以理解知识。对智力缺陷的孩子来说，理解知识就比较困难，因此个人能力水平也是非常重要的。

# 333教育综合模拟卷（四）
## 答案及解析

一、单项选择题：第1~30小题，每小题2分，共60分。

1. 【解析】A 理解题 此题考查非正规教育。★★★

   非正规教育是在正规教育系统外进行的有组织、有计划的教育活动。因此，答案选A。

2. 【解析】C 理解题 此题考查教育的功能。★★★

   陈老师一开始出黑板报，没有预想到学生会引用她摘录的句子，但这是一件积极的事，这属于教育的正向隐性功能；陈老师后来专门利用黑板报，有意识地呈现更适合作文素材的句子以便学生引用，这也是积极的事，这属于正向显性功能。因此，答案选C。

3. 【解析】B 记忆题 此题考查教育的生态功能。★★★

   A、C、D选项属于教育的生态功能。B选项的生态系统承载能力是生态系统自身具有的一种有限的自我调节能力，教育在一定程度下可以通过提高人口素质等方法提高生态系统承载能力，但当人口数量超出最大负荷量，调节便会失效，不存在能够"不断提高"。因此，答案选B。

4. 【解析】C 理解题 此题考查教育民主化。★★★

   题干反映的是在知识大爆炸的时代，人人都可以通过互联网进行学习，教师不再是学生获取知识信息的唯一渠道，客观上更容易促使师生关系平等化，进而促进教师终身学习。师生关系平等是教育民主化的重要表现。因此，答案选C。

5. 【解析】A 理解题 此题考查教育目的相关的理论。★★★

   A. 教育准备生活说：教育的目的是"为人未来的完满生活做准备"。

   B. 教育改造生活说：教育的目的是改造社会。

   C. 教育适应生活说：教育应该为当下儿童的生活做准备，关注儿童发展的切实需要。

   D. 教育超越生活说：教育应该超越现实社会，促进社会变革。

   题干的意思是：教育为了不可预期的将来而束缚孩子，牺牲他的现在，"把他弄得那么可怜"。这样的教育对孩子来说是一种伤害，所以这是对教育准备生活说的批判和反对。因此，答案选A。

6. 【解析】D 记忆题 此题考查学制类型。★★★

   A. 错误。学制的类型主要有双轨学制、单轨学制和分支型学制，双轨学制在向单轨学制和分支型学制方向发展。

   B. 错误。双轨学制中的一轨自上而下，针对贵族子弟，其结构是大学（后来也包括其他高等学校）—中学（包括中学预备班）。

   C. 错误。双轨学制中的另一轨自下而上，针对平民子弟，其结构是小学（后来是小学和初中）—职业学校（先是与小学相连的初等职业教育，后发展为与初中相连的中等职业教育）。

   D. 正确。单轨学制有利于教育的逐级普及，体现了教育的平等性。

   因此，答案选D。

7. 【解析】B 理解题 此题考查古德莱德的课程分类。★★★

古德莱德归纳出五种不同的课程，其中领悟的课程指任课教师所领会、理解的课程。不同的教师对正式的课程有不同的领悟，它受教师的常识、经验、知识观、学生观的影响。因此，答案选B。

8.【解析】B　理解题　此题考查布卢姆的教育目标分类学。★★★★★

布卢姆的教育目标分类学中的"理解"意为：领悟所学材料的意义，但并不一定将其与其他事物相联系，代表最低水平的理解。题干中的问题涉及对课文的深层分析，已经超过了"理解"的范畴，刘老师的三个问题分别体现了布卢姆的教育目标分类学中的"分析""评价"与"创造"。因此，答案选B。

9.【解析】A　理解题　此题考查CIPP课程评价模式。★★★

A. 背景评价：在特定的环境下评定其需要、问题、资源和机会。

B. 输入评价：在背景评价的基础上，对达到目标所需的条件、资源以及各备选方案的相对优点所做的评价，实质上是对方案的可行性和效用性进行评价。

C. 过程评价：对方案实施的过程进行连续不断的监督、检查和反馈。

D. 结果评价：对目标达到的程度所做的评价，包括测量、判断、解释方案的成就。

题干中，"在课程实施的学校里了解周边资源"与背景评价相符。因此，答案选A。

10.【解析】D　理解题　此题考查教学的概念。★★★

A. 错误。教学与教育是部分与整体的关系。除教学外，学校还通过课外活动、生产劳动、社会活动等途径对学生进行教育。

B. 错误。智育主要是通过教学来完成的，但教学不等于智育，教学也是进行德育、美育、体育、劳动教育的途径。

C. 错误。教学包括上课，上课只是教学的一个环节。除上课外，教学还包括备课、课后辅导等。

D. 正确。

因此，答案选D。

11.【解析】B　记忆题　此题考查行为主义教学理论。★

行为主义教学理论认为，学生的行为是受行为结果影响的，若要让学生做出合乎需要的行为反应，必须形成某种相倚关系，即在行为后有一种强化性的后果。因此，答案选B。

12.【解析】A　理解题　此题考查教学方法。★★★

演示法是教师向学生展示各种直观教具、实物，或让学生观察教师的示范实验，或让学生观看幻灯片、电影、录像等，从而使学生认识事物、获得知识或巩固知识的方法。因此，答案选A。

13.【解析】D　理解题　此题考查社会学习模式。★★★

社会学习模式由美国心理学家班杜拉创建，认为儿童通过观察和模仿他人的行为而获得知识、技能和行为习惯。因此，答案选D。

14.【解析】B　理解题　此题考查德育原则。★★★

"爱之愈深，求之愈严"体现了严慈相济原则，即严格要求与尊重信任相结合原则。"教者因人才之不齐，而教之多术"强调根据人的特点施教，体现了因材施教原则。故①④正确。因此，答案选B。

15.【解析】A　记忆题　此题考查教师专业发展的途径。★★★

A. 师范教育培养体系包括对师范生培养的问题。

B. 教师教育网络联盟是在教育行政部门的推动下，由各高校与其他企事业单位共同组建的汇集优质教师教育资源的网络平台。

C. "青蓝工程"是以老教师带新教师快速成长的帮扶活动。

D. 校本培训以学校为培训主体，以本校全体教师为培训对象。

题干涉及的是师范生培养的问题。因此，答案选 A。

**16.【解析】B** 记忆题 此题考查《学记》。★★★

根据《学记》原文"比年入学，中年考校，一年视离经辨志，三年视敬业乐群，五年视博习亲师，七年视论学取友，谓之小成。九年知类通达，强立而不反，谓之大成"。可知，第五学年考查博习亲师。因此，答案选 B。

**17.【解析】C** 推理题 此题考查唐代的中央官学。★★★★★

A. 崇文馆是东宫主办的学校，接受皇亲国戚和高级官员子弟入学，在等级制森严的隋唐，不可能直接放宽到八品之子入学。

B. 国子学是隋唐时期等级比较高的儒学学校，接受文武官三品以上及国公子孙、从二品以上曾孙入学，韩愈直接要求国子学一放到底，估计遇到的阻力会非常大。

C. 太学接受文武官五品以上及郡县公子孙、从三品曾孙入学，是绝大多官员子弟向往的高等学府，放宽入学等级限制能惠及更多官员子弟，得到更多人的支持，改革阻力小，容易推行。

D. 四门学本就可以招生平民子弟，不涉及"五品之子放宽为八品之子"的要求。

因此，答案选 C。

**18.【解析】B** 记忆题 此题考查颜之推的教育思想。★★★

A. "正其谊（义）不谋其利，明其道不计其功"——董仲舒。

B. "德艺周厚"——颜之推。

C. "兼相爱，交相利"——墨子。

D. "富贵不能淫，贫贱不能移，威武不能屈"——孟子。

因此，答案选 B。

**19.【解析】C** 理解题 此题考查我国近代的学校。★

A、B、D 选项正确。C 选项的错误之处在于：近代第一所国人自办的女子学堂是经正女学，近代第一所传教士在中国创办的教会女学是宁波女塾。因此，答案选 C。

**20.【解析】B** 记忆题 此题考查早期的实用主义教育思潮。★★★

《学校教育采用实用主义之商榷》对"癸卯学制"颁布以来的中国教育，尤其是普通教育发展中的问题做了考察。黄炎培指出，学生在学校所受到的道德、知识、技能训练，在走上社会后毫无用处。这就从理论上论证了改革普通教育、加强学校教育与个人生活和社会需要之间联系的必要性。因此，这里的"学校教育"指的是普通教育。因此，答案选 B。

**21.【解析】C** 推理题 此题考查骑士教育。★

骑士教育是一种中世纪西欧封建社会特殊的家庭教育形式，分为家庭教育阶段（0~7岁）、礼文教育阶段（7~14岁）和侍从教育阶段（14~21岁）。18岁时正处于侍从教育阶段，重点学习"骑士七技"——骑马、游泳、投枪、击剑、打猎、弈棋和吟诗。因此，答案选 C。

**22.【解析】D** 记忆题 此题考查新教教育思想。★★★

A. 错误。马丁·路德和加尔文都主张废除体罚。

B. 错误。二者均认为教育具有宗教性和世俗性双重属性。

C. 错误。马丁·路德认为教育权应完全交由国家；加尔文认为国家与教会均对教育负责，但在教育权方面教会高于国家。

31

D. 正确。马丁·路德主张国家实行强制义务教育；加尔文亲自领导了免费教育。

因此，答案选 D。

23. 【解析】A　记忆题　此题考查导生制。★★★

19世纪上半叶，英国初等教育主要由宗教团体和慈善机构办理，教育质量低下，师资极为短缺。于是，导生制盛行起来。因此，答案选 A。

24. 【解析】C　记忆题　此题考查《郎之万—瓦隆教育改革方案》。★

A.《费里法案》：法国19世纪80年代确立了国民教育义务、免费、世俗化三原则的法案。

B.《关于统一学校教育事业的修正协定》：德国20世纪60年代的法案，也称《汉堡协定》。

C.《郎之万—瓦隆教育改革方案》：因历史因素未实施，但为战后法国的教育指明了方向，被称为法国教育史的"第二次革命"。

D.《法国学校体制现代化建议》：也称《哈比法》，因要求过高，改革步子过大，难以在实践中完全实施。

因此，答案选 C。

25. 【解析】B　记忆题　此题考查裴斯泰洛齐的教育与生产劳动相结合理论。★

A. 在"新庄"时期，裴斯泰洛齐在"贫儿之家"传授孤儿劳动技能，最后由于缺少经费而停办。

B. 在斯坦兹孤儿院时期，裴斯泰洛齐首次把教育与生产劳动相结合的思想付诸实践。

C. 在布格多夫国民学校时期，裴斯泰洛齐正式开始了他的初等教育改革实验。

D. 在伊佛东学校时期，裴斯泰洛齐更系统地继续开展他的教育革新实验和教育理论探索。

因此，答案选 B。

26. 【解析】C　理解题　此题考查艾里克森的心理社会发展理论。★★★

A. 信任感（0~1.5岁）。孩子对周边环境和切身需要感到安全、满足和信任。

B. 自主感（1.5~3岁）。孩子自己穿衣和吃饭，自己的事情可以自己做——对自身活动。

C. 主动感（3~6、7岁）。孩子可以自己独立活动，而不受他人的干涉——对外部活动。

D. 胜任感（6、7~12岁）。孩子可以获得教师的鼓励，在学习中有胜任感和勤奋感。

因此，答案选 C。

27. 【解析】A　理解题　此题考查学习的人本主义理论。★

人本主义教育家罗杰斯提倡非指导性教学，其特点之一是教师不做任何知识学习的指导。教师的任务是为学生提供各种学习的资源，提供一种促进学习的气氛，让学生自己决定如何学习。因此，答案选 A。

28. 【解析】B　理解题　此题考查自我决定理论的动机分类。★★★★

自我决定理论根据个体对行为的自主程度，把外部动机分为四种类型：外部调节、内摄调节、认同调节与整合调节。其中，内摄调节指个体吸收了外部规则，但没有完全接纳为自我的一部分。个体是为了避免焦虑或羞愧，或维护自尊和自我价值，而做出某种行为。题干中，甜甜努力练习唱歌是为了维护个人自尊，体现了内摄调节。因此，答案选 B。

29. 【解析】D　理解题　此题考查技能的类型。★★★★★

A. 错误。写作最主要的还是脑内的建构，因此属于心智技能。

B. 错误。复杂的操作技能往往包含认知成分，需要学习者智力活动的参与。

C. 错误。虽然呈现出的字体形态不同，但写草书与写楷书的核心要领一致，本质上都是操作技能。

D. 正确。操作技能是心智技能形成的最初依据和外部体现的标志。

因此，答案选 D。

30. 【解析】B　理解题　此题考查道德情感培养的方法。★★★

　　A. 表情识别：指教师通过对方的表情来判断对方的态度、需求和情绪、情感体验。

　　B. 情境理解：指教师理解当事人的处境，从他的处境去感受他的情绪体验，考虑他可能需要的帮助。可以采用故事讨论的形式，让学生分析故事中人物的处境和体验。

　　C. 情绪追忆：指教师针对一定的情境，通过言语提示唤醒学生与此有关的感受，并追忆相关情境、原因等，加强情绪体验与特定情境之间的联系。这样就可以用自己切身的体验来理解他人的感受。

　　D. 角色扮演：指教师让个人暂时置身于他人的社会位置，并按这一位置所要求的方式和态度行事，以增进个人对他人社会角色及自身原有角色的理解，从而更有效地扮演自己的角色。这属于道德行为培养的方法。

　　因此，答案选 B。

## 二、论述题：第 31~32 小题，每小题 15 分，共 30 分。

31. 【答案要点】综述题　★★★★★

　　(1) 人性论。

　　①孔子：孔子提出了"性相近，习相远"的人性观，并首次论述教育与人的关系。

　　②孟子、荀子：孟子提出了"性善论"；荀子提出了"性恶论"，认为教育的作用是化恶为善。孔子不强调人性论的善恶属性，孟子、荀子为人性论增添了善恶属性，但他们都强调教育作用巨大。与孔子上、中、下三品人的划分相比，孟子的"人皆可以为尧舜"和荀子的"涂之人可以为禹"更具有平等性。

　　③墨子：墨子提出了"素丝说"，认为人性不是先天所成的，而是由环境和教育造就的，这体现了外铄论。墨子比孔子的人性论思想更明确，且富有天赋平等的色彩。

　　(2) 教育目的。

　　①孔子提出培养德才兼备的君子，主张"学而优则仕"。他强调的是道德崇高的谦谦君子的人格理想。

　　②孟子在继承君子观，提出"富贵不能淫，贫贱不能移，威武不能屈"的"大丈夫"的人格理想。孟子为君子观赋予了一种正义凛然、刚健有为的英气，塑造了中国人崇高的精神境界。

　　③荀子在改造君子观，主张培养"大儒"。荀子对孔子的君子观有所改造。荀子不仅强调德才兼备，还强调学以致用，更突出人格与社会的协调性，更体现机智与圆通、严谨与务实。

　　④墨子在反对君子观，主张培养"兼士"，强调"厚乎德行，辩乎言谈，博乎道术"。兼士与君子有本质不同，墨家更强调小生产者的平等、博爱精神。

　　(3) 教育内容。

　　①孔子：儒家的教育内容为"六经"，偏重社会人事、文事，轻视科技与生产劳动。

　　②孟子、荀子：孟子继承了"六经"，荀子改造了"六经"，并通过口耳相传的方式，传播和保存了"六经"。

　　③墨子：墨家重视科学与技术教育和思维训练，注重实用技术的传习，反感儒家"六经"，认为"六经"里有烦琐的礼教和乐教。

　　综上：孟子继承孔子的教育思想；荀子在儒学的范畴里改造孔子的教育思想；墨子反对孔子的教育思想，并建立了与儒学对立的墨家思想。百家争鸣，各有千秋，又共同证明教育的多样性、丰富性和重要性。

　　【评分：人性论 5 分，教育目的 5 分，教育内容 5 分。】

32. 【答案要点】综述题　★★★★★

(1) 英、法、德、美四国义务教育的开端：

①英国：1870年，英国政府颁布了《初等教育法》（又称《福斯特法案》），这是英国义务教育开始的标志。法案规定国家对教育有补助权和监督权，在各学区设立国民学校，对5~12岁儿童实施强迫性初等教育等。它奠定了英国国民教育制度的基础，加速了英国初等教育的发展，标志着英国义务教育制度的正式形成。

②法国：1881—1882年，法国颁布了《费里法案》。该法案规定了国民教育发展的义务、免费和世俗化三大原则，规定6~13岁为法定义务教育阶段。这一法案确立了法国义务教育的基本框架，成为法国义务教育开始的重要标志，极大地推动了法国普及义务教育的进程。

③德国：德国是世界上最早实施义务教育的国家。受马丁·路德思想的影响，德意志各邦从16世纪中期起先后颁布了有关国家办学和普及义务教育的法令，成为近代西方最早颁布法令实施强制初等义务教育的国家。如17世纪初，魏玛公国要求列出6~12岁男女儿童的名单，以保证适龄儿童上学。

④美国：19世纪初，贺拉斯·曼与巴纳德等人倡导开展公立教育运动。旨在在各州推行依靠公共税收维持、由公共教育机关管理、面向所有公众的免费的义务教育。自此以后，各州也陆续制定义务教育法，美国的义务教育逐步发展起来。

(2) 近代义务教育的发展趋势：

①普及化。各国义务教育的入学年龄大多在6~8岁之间，并且随着时间推移，义务教育年限逐渐延长。且各国从最初部分阶层的儿童入学，到逐步涵盖社会各个阶层的儿童。

②强制化。各国通过颁布一系列法律来保障义务教育的实施，对适龄儿童都有强制入学的要求，以此保证义务教育的普及。

③免费化。许多国家在义务教育发展过程中逐渐实现了免费。开始可能只是部分免费，如免除学费。但随着国家经济实力的增强和对教育重视程度的提高，逐步扩大到入学项目一律免费。

④世俗化。在近代义务教育发展过程中，教育逐渐摆脱宗教的束缚，要求宗教知识与世俗知识相分离。世俗化使教育更加贴近现代社会发展的需求，注重培养具有理性思维、民主意识和现代知识技能的公民。

⑤实科化。在世俗知识的学习中，古典知识的比重开始大大降低，义务教育阶段更突出本族语教学，突出近代以来的实科知识，主张培养实用性人才。

⑥公立化。主要体现在办学主体的转变，例如西方各国都建立了公立学校，它们的特点是由公共税收维持、公共教育机关管理、面向所有公众。对此，公立学校成为义务教育的主要办学主体。

【评分：四个国家义务教育开端各3分；趋势3分，其中趋势至少要答出三个要点，答案多写了些要点，以供考生了解、参考和选择。】

三、材料分析题：第33~36小题，每小题15分，共60分。

33. 【答案要点】政策材料+综合题 ★★★★★

(1) 从教育与人发展关系的角度分析原因：

①人的身心发展规律是实施教育的依据。材料中，"双减"政策之所以要减轻学生负担，就是为了遵循教育规律，不违背人身心发展的顺序性、阶段性，尊重学生的差异性和不平衡性。

②教育对人的身心发展起到了主导性的作用。材料中，高竞争、高压力、高负担的教育环境会抑制学生的自主性、独特性和创造性的发展。"双减"政策正在扭转应试教育的弊端，让学生回归全面发展教育。

(2) 从教育与社会发展关系的角度分析原因：

①教育具有社会制约性。生产力水平、政治、文化、科技等社会因素都会制约和影响教育的发展。材料

中，智能化时代的来临，对教育提出了更高的要求，应试教育无法培养创新型人才，为了时代的发展，"双减"政策势在必行。

②教育具有政治、经济、文化、科技、人口等社会功能。材料中，"双减"政策恰恰是通过改进教育自身的育人方式，促进教育社会功能的实现，以适应未来社会的高速发展，迎合教育公平的发展趋势。

（3）教育"增加"充分说明"双减"政策不是不让学生学习，而是不能只学课本和考试要求的内容，应该让学生做到全面发展，培养其创新能力。现实意义表现在：

①**促进学生德育的发展**。立德树人是教育的根本目的。"双减"后提出"双增"改变了过于注重知识传授的倾向，在发展学生智力的同时也注重学生品德的发展，充分发挥德育的引领作用。

②**促进学生智育的发展**。这种智育不仅是对课本知识与考试科目的学习，而且更注重启迪学生的智慧。材料中的"科学教育加法"，用丰富有趣的科学知识、探索化的教育过程，启迪学生智慧，培养其创新能力。

③**促进学生体育的发展**。"双减"后提出"双增"将学生从繁重的课业负担与校外补习中解放出来，拥有更多的时间与精力进行体育锻炼，从而增强学生的体质与活力。

④**促进学生美育的发展**。"双减"后提出"双增"为美育的发展腾出了时间和空间，让学生有更多的时间与精力发展个人的兴趣爱好，在多样的活动中培养学生欣赏美、创造美的能力。

⑤**促进学生劳动教育的发展**。"双减"后提出"双增"强调了劳动的价值，如材料中"科学教育加法"里一定含有劳动教育的意义，即通过科学实践活动培养学生的科学素养和创新能力，使劳动教育更加具象化。

综上，如果"双增"突出"五育"并举，那么"科学教育加法"直接体现"五育"融合，一个科学活动可以集德育、智育、体育、美育、劳动教育于一体，体现认识过程的丰富性和综合性。

34.【答案要点】理论材料+综合题 ★★★★★

（1）影响学生遗忘的因素：

①**时间因素**。人的大脑在接收新信息后，就会随着时间的流逝而不断遗忘，除非某个刺激给人留下了非常深刻的印象。材料1中艾宾浩斯遗忘曲线正说明时间因素对学生记忆流失的影响。

②**学习材料因素**。当学习材料在编写中未突出新旧知识之间的联系时，材料的意义性就会大打折扣。材料1特别强调了记忆内容的无意义性会导致学生机械记忆，使得记忆效果不佳。

③**不同材料间的干扰**。材料1提到，如果被试学习了许多无意义音节词表，材料之间的干扰性就会很强；材料2中学习类似知识结果影响第一组被试的记忆效果，说明之前的学习对后来的学习发生了干扰和抑制，这是一种典型的前摄抑制。可见，材料间的干扰会影响学生的记忆效果。

④**学习者的情绪与态度因素**。情绪越好，记忆效果越好；情绪越低落，学习效果越差。材料3中，学生在考试时，由于过分紧张，有可能造成动机性遗忘，学习效果会更差。

（2）**价值**：

①建构主义学习理论强调知识的主观性，学生通过已有经验自主地建构知识，所以个体的学习具有差异。《指导意见》要求进一步提炼和精选知识内容，要求精简内容，就在于增加学生的活动和实践时间，丰富学生已有经验，更有利于学生自主建构知识。

②信息加工学习理论和认知负荷理论认为，知识是从瞬时记忆，经短时记忆储存在长时记忆里，由于学生对工作记忆的加工内容的容量有限，所以这个过程应尽量减少认知负荷。《指导意见》要求容量适当，难易适度，避免内容偏多、偏深，其实都是为了适应人脑记忆规律，促进学生的有效学习。

③奥苏伯尔的有意义学习理论认为，新旧知识应该形成非人为、实质性的联系，否则学习中容易出现内

容脱节、交叉、错位的现象。为此，《指导意见》要求学习材料应该加强新旧知识的联系，帮助学生进行有意义的学习。

(3) 建议：

①**支架式教学**。张老师可提供古诗词中的重点词、字的注释，以及整首诗的现代文的翻译，帮助学生理解这首诗的含义，扫清学生的理解障碍。

②**情境性教学**。每首古诗都有它的意境，张老师可让学生在创设的情境里感受古诗的美感和韵味，发现古诗的内在美，知情统一，促进学生意义识记，切记不要让学生干巴巴地背古诗。

③**认知策略**。在教学中，张老师还可以积极利用认知策略。如注意策略可以帮助学生注意重点词；精细加工策略可以帮助学生编码难背的诗句；组织策略可以帮助学生分类整理不同主题、诗人或朝代的古诗等，以便系统记忆和联想背诵；复述策略可以加深学生对古诗词的记忆。

④**元认知策略**。教师可以与学生交谈，倾听学生的学习思路，发现学生背诗方法的问题，帮助学生及时修正、调整认知策略。

⑤**及时反馈与评价**。教师的鼓励与期待对学生非常重要，教师一定要富有耐心，看到学生的点滴进步就要表扬、期待、赞美。学生有了信心，调整好了情绪，就很有可能更好地完成背诵任务。

35. 【答案要点】案例材料+综合题 ★★★

(1) 王老师采用的教学模式是**发现（学习）教学模式**。

①**含义**：发现教学模式是指依据认知心理学学习理论，在教师的指导下，学生围绕某个问题，根据手中已有的学习资料，去慢慢地发现内容间的联系，获得表象背后的概念与原理，一般适用于理科的学习。

②**操作程序**：发现教学模式的教学目标是促进学生理智和思维的发展。其采用的操作程序一般是：创设问题情境→利用材料做出假设→检验假设→得出结论。材料中，王老师创设出与平行四边形面积相关的情境，引出如何快速求平等四边形面积的问题，同学们讨论过程中提出的各种猜想在已列出的几组平行四边形中得到检验，最终符合的猜想是"底乘高"，即得出了结论。

③**实现条件**：当教师想要把学生培养得像科学家一样去发现问题、分析问题和解决问题，从而使其受到严密的科学思维训练时，就可以使用该教学模式。

④**评价**：发现教学模式有利于促进学生掌握知识结构并发展其思维能力，特别是创造性思维能力。但发现教学模式花费时间相对较多，教师设计这样的课程较难，要求教师有较高的水平。

(2) 王老师布置的作业优势表现如下：

①**巩固性强**。王老师布置的作业内容与其上课内容联系紧密，这有助于学生及时巩固所学知识。

②**作业容量和难度具有适度性**。"双减"后，我国强调校内要在作业上减负，这有利于创造宽松的学习氛围。教师布置的作业容量不大，但具有一定的难度，需要理解课堂内容后才能快速完成，适度性较好。

③**重视作业完成的独立性**。王老师布置的作业难度适中，无须家长帮助，学生可以独立自主完成。

④**具备思考性**。该作业内容要求学生灵活掌握知识，要求学生动脑思考，将理论与实践结合。

⑤**重视作业批改的及时反馈性**。王老师在收齐作业后及时进行批改，保证学生能够迅速得到反馈，这有利于激发学生的学习信心，也能帮助理解有误的学生真正掌握知识。

(3) 材料中体现的教学原则有：**启发性原则、系统性原则、巩固性原则**。

①**启发性原则**：指教师要对学生进行启发，而不是告诉学生现成的答案，这样有利于调动学生的主动性。材料中，王老师在提出问题后，没有直接揭晓答案，而是鼓励学生自由大胆发言，直到答案被发现。这表明了王老师对启发学生思考的重视，体现了启发性原则。

②**系统性原则（循序渐进原则）**：指教学要依据所传授的学科知识的内在逻辑结构、学生能力发展水平和掌握知识的顺序循序渐进地进行。材料中，王老师先提供长宽一致的图形，后提供长宽各异的图形，是由浅入深地引导学生思考与发现的表现，体现了系统性原则。

③**巩固性原则**：指教学要引导学生在理解的基础上牢固地掌握知识和技能，这样不仅能长久地将知识保持在记忆中，还能根据需要迅速再现并运用知识。材料中，王老师在得到答案后在黑板上书写公式以及授课后布置作业的行为都是为了加深学生的记忆，巩固新学习的知识，体现了巩固性原则。

36. 【答案要点】案例材料+综合题　★★★★★

(1) 学生 A、B、C、D、E、F 所处的道德发展阶段：

①**学生 A**：前习俗水平的工具性的相对主义定向阶段。其决策依据是避免失去同学友谊带来的"利益"损失。

②**学生 B**：前习俗水平的惩罚和服从的定向阶段。他的判断依据是避免受到权威（老师）的惩罚。

③**学生 C**：习俗水平的维护权威或秩序的定向阶段。他以遵守学校的规则作为自己行为的判断准则。

④**学生 D**：习俗水平的维护权威或秩序的定向阶段。他认为考试规则就是考试的意义，不遵守规则，就无法体现考试的意义，就缺失了维持公平公正的环境。

⑤**学生 E**：后习俗水平的社会契约定向阶段。他考虑到有特殊情况时对规则进行灵活运用，同时也认识到作弊本身是违反正常的学习和考试契约的，体现了社会契约的意识。

⑥**学生 F**：后习俗水平的普遍道德原则的定向阶段。他从更广泛的公平、诚实等普遍伦理原则出发，做出不帮助作弊的决定，体现出他是基于内心的道德原则而非外在的规则或者利益来判断行为的对错。

(2) 建构主义学习理论的应用：

①**知识的主动建构性**。建构主义强调学生不是被动地接受知识，而是积极主动地参与知识的建构过程。材料中，学生们在积极地思考，将自己已有的生活经验与新的问题情境相结合，构建关于如何拒绝他人的知识体系。

②**情境性学习**。建构主义认为学习应该在真实的情境中进行。材料中，王老师为学生创设了真实的情境，能够让学生更加深入地理解在具体情境中如何运用合适的方式说"不"。

③**合作学习与知识共享**。建构主义强调合作学习，学生在与同伴的交流和合作中能够更好地建构知识。材料中，各组通过讨论找到拒绝方法，并在小组内共享。

④**培养个性化发展和创新能力**。建构主义学习可以促进学生的思维建构和意义构建过程，强调学生的独特性和个体建构。材料中，各组在讨论中激发批判性思维和创新能力，都想到了行之有效的个性化的办法。

(3) 王老师采用了小组合作教学模式，主要运用了讨论法。教师引导学生讨论的问题有：

①什么时候说"不"？

②学会说"不"重要吗？

③如何将"不"说出口？

④你这样说"不"的理由是什么？

⑤你认为哪一组说"不"的方式更好，为什么？

# 333教育综合模拟卷（五）
## 答案及解析

一、单项选择题：第1~30小题，每小题2分，共60分。

1. 【解析】A　理解题　此题考查教育的定义。★★★★★

    (1) 规定性定义：指作者自己所创制的定义，其内涵在作者的某种话语语境中始终是统一的。

    (2) 描述性定义：指对被定义对象的适当描述或对如何使用定义对象的适当说明。

    (3) 纲领性定义：指一种关于定义对象应该是什么的界定。

    (4) 功能性定义：干扰项，不属于谢弗勒对教育定义的分类。

    根据题干"有位作者认为……"，说明这一定义在这位作者的作品里是通用的，这体现了规定性定义，可排除C、D选项。题干中的这句话是在描述教育在实际运行时的表现，没有涉及教育应然价值的说明，这体现了描述性定义。因此，答案选A。

2. 【解析】B　理解题　此题考查家庭教育。★★★

    四个选项的说法都是正确的，但是只有B选项与题干内容相匹配。因此，答案选B。

3. 【解析】B　理解题　此题考查现代教育的特征。★★★

    A. 教育全民化：全民教育是满足所有人"基本学习的需要"的教育，是普及教育的继续与发展。

    B. 教育国际化：以国际的视野和全球认同的方式，构建教育发展和运行的完整体系和管理制度。

    C. 教育现代化：教育将社会现代化的理念和要求逐渐现实化的过程。

    D. 教育信息化：在教育领域全面深入地运用现代信息技术来提升教育现代化水平的过程。

    题干中，"百校项目"推动中文教学走向世界，在尊重彼此文化差异的条件下，增进中国和阿联酋两国人民文化交流和民心相通，这体现了教育国际化。因此，答案选B。

4. 【解析】C　理解题　此题考查教育的政治功能。★★★

    题干这两句话反映了教育的政治功能，强调教化对国家管理的重要性。因此，答案选C。

5. 【解析】C　理解题　此题考查影响人身心发展的因素。★★★

    A、B、D选项对应正确。C选项"出淤泥而不染"的意思是：莲花从积存的淤泥中长出却不被污染。用这句话来形容人，说明人的品格没有受到环境的污染，保持洁身自爱，这属于人的主观能动性的作用。因此，答案选C。

6. 【解析】C　理解题　此题考查全面发展教育与素质教育的关系。★★★★★

    素质教育是为了落实全面发展教育，改变应试教育的弊端，从而提出的新概念。素质教育的本质是全面发展教育，全面发展教育是素质教育的基础和保障，我们还可以说素质教育是全面发展教育的深化。因此，A、B、D选项表述正确的。C选项表述错误，应该改为：素质教育是全面发展教育范畴内新产生的教育理念。因此，答案选C。

7. 【解析】D　理解题　此题考查我国学制。★★★★★

    A. 错误。我国实行学前教育、初等教育、中等教育、高等教育的学校教育制度。

    B. 错误。普通教育主要包括普通中小学教育和普通高等学校教育。

C. 错误。基础教育主要分为学前教育、义务教育、普通高中教育。

D. 正确。目前我国九年制义务教育包括小学和初中,不包括普通高中教育。

因此,答案选 D。

8. 【解析】A  理解题  此题考查课程的类型。★★★

A. 隐性课程:以内隐的、间接的方式呈现的课程。

B. 活动课程:以学生的兴趣、需要等为基础,通过引导学生自己组织有目的的活动而编制的课程。

C. 综合课程:打破传统的学科课程的知识领域,组合相邻领域的学科构成一门学科的课程。

D. 国家课程:自上而下由中央政府负责编制、实施和评价的课程。

校训是一种校园的文化情境,具有感染熏陶作用,可以潜移默化地影响学生的发展,属于隐性课程。因此,答案选 A。

9. 【解析】B  理解题  此题考查教学过程中应处理好的几种关系。★

题干中,语文教学不仅传递学科知识,而且关注道德与人格的养成,这体现的是掌握知识与培养思想品德的关系。因此,答案选 B。

10. 【解析】A  理解题  此题考查教学原则。★★★

(1) 直观性原则:通过引导学生观察所学事物或教师语言的形象描述,形成对所学事物、过程的清晰表象,丰富他们的感性认识,使其正确理解书本知识并发展认识能力。

(2) 巩固性原则:教学要引导学生在理解的基础上牢固地掌握知识和技能,长久地将知识保持在记忆中,并能根据需要迅速再现和运用。

(3) 量力性原则:墨子对量力思想的描述,意思是对教育程度较深的人,教深一点的知识,对教育程度较浅的人,教浅一点的知识,用使其增长的办法对待人的长处,用尊重的方式对待别人的自尊。

(4) 理论联系实际原则:教学要以学习基础知识为主导,从理论与实际的联系上理解知识,注意学以致用。

B、C、D 选项的古文与教学原则对应正确。A 选项"教师之为教,不在全盘授予,而在相机诱导"体现了启发性原则,启发性原则强调教师要启发学生,而不是告诉学生现成的答案。因此,答案选 A。

11. 【解析】A  理解题  此题考查德育模式。★★★

路易斯·拉思斯等人提出价值澄清模式,目的是通过价值澄清,帮助儿童减少混乱,树立他们自己的价值观。这道题的关键是"学生自由选择做法",题干中的"厘清"就是"澄清"的意思。因此,答案选 A。

12. 【解析】A  理解题  此题考查德育方法。★★★

看直播可以提供一种情境,以达到陶冶的目的,但是不属于参观法,参观法是指实地参观,可以排除 C、D 选项。让学生通过观看直播感受航天精神属于情境陶冶法和榜样示范法。题干中没有体现品德评价法。因此,答案选 A。

13. 【解析】B  理解题  此题考查德育途径。★★★

A. 课程育人:课程是学校育人的专门载体,也是最重要的育人载体。

B. 文化育人:文化具有潜移默化的教育作用。

C. 管理育人:管理也是一种教育,不同的管理方式蕴含不同的教育。

D. 教学育人:教学永远具有教育性,这是教学的基本规律。

题干中,该中学鼓励学生阅读,让学生接受知识的熏陶,参与校园文化建设,提高校园文明水平,让校园处处成为育人场所。建设书香班级、书香校园体现了文化育人。因此，答案选 B。

14. 【解析】B　理解题　此题考查人的身心发展特点。★★★

    走班制的本质是尊重每个学生的发展差异，使每个学生都能够得到最好的发展。这遵循了学生身心发展的差异性。因此，答案选 B。

15. 【解析】B　理解题　此题考查教师与学生的权利和义务。★

    题干中两位老师的做法都是错误的。李老师擅自拆开学生的私人信件，侵犯了学生的隐私权。上课时间王老师让学生回家拿作业，不让学生进课上课，侵犯了学生的受教育权。因此，答案选 B。

16. 【解析】B　理解题　此题考查孔子"理论联系实际"的主张。★★★

    A 选项属于因材施教原则；C 选项属于启发性原则；B、D 选项属于理论联系实际原则，但 D 选项"见之不若知之，知之不若行之"是荀子的主张。因此，答案选 B。

17. 【解析】D　记忆题　此题考查北宋三次兴学的内容。★★★

    A. 错误。按顺序，改革者依次为范仲淹、王安石、蔡京。

    B. 错误。"庆历兴学"——创建太学、罢帖经和墨义。

    C. 错误。"崇宁兴学"——由学校取士、创设画学。

    D. 正确。"熙宁兴学"——创"三舍法"、颁《三经新义》。

    因此，答案选 D。

18. 【解析】C　记忆+理解题　此题考查王守仁的教育思想。★

    A. "学而必习，习又必行"——颜元——学习的过程中要练习、运用知识，才能得到真正的知识。

    B. 学思"相资以为功"——王夫之——学习和思考是相互结合、补充与依赖的关系。

    C. "随人分限所及"——王守仁——教学应当顾及儿童的个性差异，考虑其接受能力。

    D. "以仁安人，以义正我"——董仲舒——人要关心别人，同时常自我反省，提高道德修养。

    因此，答案选 C。

19. 【解析】A　理解题　此题考查留学教育。★★★

    整体来看，这份资料表达的是詹兴洪送其子詹天佑去花旗国学习机艺，目的地"花旗国"即美国。詹天佑参加的活动是学生留美，最终他学成归国，成为我国著名的铁路工程师。因此，答案选 A。

20. 【解析】D　记忆题　此题考查陶行知的教育思想。★★★

    A. 错误。陶行知对"教学做合一"思想的具体阐述是"事怎样做便怎样学，怎样学便怎样教"。

    B. 错误。"从做中学"是杜威的观点。

    C. 错误。"做中教、做中学、做中求进步"是陈鹤琴的观点。

    D. 正确。"教学做合一"是陶行知的观点。

    因此，答案选 D。

21. 【解析】A　理解题　此题考查城市学校。★

    A. 城市学校：主要培养从事手工业、商业的职业人才，学习世俗知识，满足新兴市民阶层发展的需要。

    B. 文法学校：主要培养学生走向上流社会，学习古典人文知识，是典型的贵族学校。

    C. 实科学校：主要培养应用型人才，面向大众，学习实科知识。

    D. 世俗学校：没有这种名称的学校。但可以理解为只学世俗知识，不学宗教知识的世俗性质的学校。

    因此，答案选 A。

22. 【解析】D　理解题　此题考查《哈多报告》。★★★

A、B、C选项正确。D选项属于《斯宾斯报告》的意义，该报告提出了"多科性中学"的设想，促进了未来综合中学的发展。因此，答案选D。

23. 【解析】B 记忆题 此题考查洛克的绅士教育思想。★★★★★

A、C、D选项正确。洛克认为"健康之精神寓于健康之身体"，体育是全部教育的前提，健康的身体是绅士事业成功、生活幸福的首要条件。因此，答案选B。

24. 【解析】C 理解题 此题考查赫尔巴特的道德教育思想。★★★

A. 有用的国家公民，是一切教育的目的——凯兴斯泰纳的"公民教育"。

B. 什么知识最有价值，一致的答案就是科学——斯宾塞的"科学知识最有价值"。

C. 教学如果没有进行道德教育，只是一种没有目的的手段——赫尔巴特的"教育性教学原则"。

D. 教育是对某个经验情境中的问题进行反复、严肃、持续的思考——杜威的"反省思维教学法"。

赫尔巴特认为，教育（道德教育）只有通过教学才能真正产生实际作用，教学是道德教育的基本途径。因此，答案选C。

25. 【解析】B 理解题 此题考查葛雷制。★★★

题干描述的是葛雷制学校在教学中采用的二重编法。葛雷制学校的建立得益于葛雷制，它是进步教育运动的产物。因此，答案选B。

26. 【解析】D 理解题 此题考查学习的概念。★★★

学习是个体在特定情境下，由于练习或反复经验而产生的行为或行为潜能的比较持久的变化。猴子行礼是后天受到训练的行为，这属于一种学习。膝跳反应、吮吸反应均是人的本能行为，公鸡打鸣是动物的本能行为。因此，答案选D。

27. 【解析】A 理解题 此题考查马斯洛的需要层次理论。★★★

B、C、D选项正确。生理需要是较低级的需要，是人生存必需的，必须首先得到一定程度的满足之后，才能追求较高级的需要。因此，答案选A。

28. 【解析】D 理解题 此题考查迁移的类型。★★★

从迁移发生的自动化程度来看，迁移分为低通路迁移与高通路迁移。高通路迁移指有意识地将在某一情境下习得的抽象知识运用到新的情境中。题干中，小强利用数学课上学到的知识去做板报设计，属于高通路迁移。因此，答案选D。

29. 【解析】D 理解题 此题考查元认知策略。★★★★★

A. 精细加工策略：通过把所学的新信息和已有的知识联系起来以增加新信息意义的策略。

B. 组织策略：整合所学新知识之间、新旧知识之间的内在联系，形成新的知识结构的策略。常用的组织策略有列提纲、做图解、做表格。

C. 努力管理策略：为了维持或促进意志努力，而对自己的学习兴趣、态度、情绪状态等心理因素进行约束和调整，实现学习目标的策略。它主要包括归因于努力、调整心境、意志控制和自我强化等策略。

D. 元认知策略：对信息加工流程进行控制的策略，包括计划策略、监察策略（监控策略）和调节策略。

题干中，研究者的自我反问体现了研究者对实验的监控，属于元认知策略。因此，答案选D。

30. 【解析】D 理解题 此题考查智力的类型。★★★

A. 语言智力：学习和使用语言文字的能力。

B. 内省智力：认识自己并选择自己生活方向的能力。

C. 流体智力：基本与文化无关的、非言语的心智能力，如计算能力等。

41

D. 晶体智力：从社会文化中习得解决问题的方法的能力。这种智力在人的一生中都在增长，且依赖于后天的学习和经验。如知识的广度、判断力、常识等。

题干暗指长辈的生活和处世经验多，属于晶体智力。因此，答案选 D。

## 二、论述题：第 31~32 小题，每小题 15 分，共 30 分。

**31.【答案要点】** 综述题  ★★★★★

杜威的教育思想是实用主义教育思想，在中国新文化运动时期，产生了重大影响。

**(1) 教育制度方面：** 1922 年"新学制"的制定。

1922 年"新学制"在实用主义教育思想的影响下制定并实施。"新学制"强调教育要适应社会发展的需要，注重培养学生的实际能力和个性发展。它的实施打破了传统教育制度对学生的刻板要求，为学生提供了更多的选择和发展空间，使教育更加贴近学生的实际需求和社会的多元需求。

**(2) 教育思想方面：**

①**对传统教育思想的冲击。** 杜威反对传统的灌输和机械训练的教育方式，强调教育应该以儿童为中心，关注儿童的兴趣和需要。这一思想对民国时期中国的传统教育思想产生了强烈的冲击，促使教育界开始反思传统教育中以教师为中心、以书本知识为中心的弊端，要求加强教育的民主性、个性、生活性和实用性。

②**"生活教育"思想的兴起。** 杜威的实用主义教育思想为陶行知的"生活教育"思想提供了理论基础。陶行知提出"生活即教育，社会即学校，教学做合一"的教育理念，推动了实用主义教育思想的本土化。

③**"活教育"思想的发展。** 陈鹤琴也在杜威实用主义教育思想的熏陶下，提出了"做人，做中国人，做现代中国人"的目的论，"大自然、大社会都是活教材"的课程论和"做中教，做中学，做中求进步"的教学论。

④**实用主义教育思潮的形成。** 中国在新文化运动时期，受杜威教育思想的影响，形成了实用主义教育思潮。黄炎培发表了《学校教育采用实用主义之商榷》，晏阳初、梁漱溟等的乡村教育思想都主张教育与社会的结合，促使实用主义教育思潮成为当时最有影响力的教育思潮。

⑤**促进教育的民主思想发展。** 杜威的民主主义教育思想强调教育是培养民主社会公民的重要途径，这一思想对民国时期中国的教育思想产生了积极的影响。教育界开始关注教育的民主性，强调教育机会的平等，主张教育应该为社会的民主进步服务。

**(3) 教育实践方面：**

①**促进课程与教材改革。** 在课程方面，初中采用学分制和选修制，实施综合性课程；高中采用分科制，分设普通科和职业科。在教材方面，提倡采用白话文课本，将儿童文学编入小学教材，注重实用知识的传授，加强了学校与社会、书本与生活的联系。这些改革打破了传统的课程和教材体系，使教育更加贴近学生的实际生活。

②**引入新式教学方法。** 设计教学法、道尔顿制、文纳特卡制等教学方法传入中国。这些教学方法注重儿童的主体地位，发挥其自主性。这些改革也引发了国内很多新式教育方法的改革。

**【评分：教育制度 3 分，教育思想 7 分，教育实践 5 分。】**

**32.【答案要点】** 综述题  ★★★★★

**(1) 联系/相同点：**

①**时代背景：** 都是文艺复兴时期的教育，这三种教育势力交织在一起，相互间产生了错综复杂的关系。

②**世俗性：** 内容中都包含世俗知识，所以都具有世俗性。

③**宗教性：** 都信仰上帝，只是程度不同。人文主义教育有宗教性，同时也带有异教因素；新教和天主教

教育都是宗教教育，都反对人文主义教育中的异教因素，所以都具有宗教性。

④**人文主义**：都对人性有一定的解放作用，所以都具有人文主义性质。

⑤**古典主义**：三种教育都以古典人文学科作为课程的主干，所以都具有古典主义性质。

⑥**教学方式方面**：都取消体罚，重视身心和谐发展；都采取班级授课制。

⑦**教育影响方面**：都在冲突和融合中共同奠定了近代西方教育的基本格局，都推动了教育的近代化（国家化、世俗化和普及化）的发展。

(2) 区别/不同点：

①**教育目的**：根本差异在于它们所服务的目的不同。人文主义教育是为推广人文主义思想服务的；新教教育为新教服务；天主教教育为天主教服务，以此挽救新教教育冲击下的天主教教育的颓势。

②**教育对象**：人文主义教育和天主教教育的教育对象是贵族子弟；新教教育的教育对象是平民子弟，具有较强的群众性和普及性。

(3) 影响：

①尽管宗教改革是人文主义引发的，但是宗教改革对近代教育转折的历史意义远远高于人文主义。宗教改革运动结束后，西方教育的近代化历程便真正开始了。

②教育的总体发展产生了重大变化，这种转折标志着世俗性的近代教育从根本上取代了宗教性的中世纪教育，标志着教育迈向近代化。

【评分：联系/相同点5分，区别/不同点5分，影响5分。】

三、材料分析题：第33~36小题，每小题15分，共60分。

33. 【答案要点】案例材料+单一题 ★★★★★

(1) 材料中的考试标准不合理的原因：

①**忽视个体差异**。不同的动物各有所长、各有所短，用单一的标准去衡量所有动物，无法公平地评估每个个体的真实水平。

②**缺乏公平性**。公平的考试标准应该能够给每个个体提供展示自己能力的机会，而这种以爬树为标准的考试对不擅长爬树的动物不公平，无法满足不同类型个体的发展需求。

③**无法选拔真正的人才**。这场考试的目的是选拔人才，但由于其标准的不合理，无法展现出不同个体的隐藏天赋。

(2) 用统一的标准定义人才的弊端：

①**从个体的差异性来看**，学生具有独特的天赋、兴趣、学习风格和能力倾向。用统一的标准定义人才忽视了个体差异，可能导致个体的才能被忽视，能力被低估。

②**从教育目标的多元性来看**，教育既要培养学生在知识和技能方面的能力，还要培养他们的品德、社会责任感、创新精神等。统一的标准往往侧重于知识和技能的掌握，而忽略了其他重要的素质。

③**从教育评价的激励作用来看**，统一标准可能会削弱学生的学习积极性和主动性。当学生发现自己的个性和特长无法在统一标准中得到体现时，他们可能会感到挫败，从而失去对学习的热情。

④**从社会发展的需求角度来看**，社会需要多样的人才来推动其发展。统一的人才标准可能无法满足社会的多元化需求，从而限制社会的创新和进步。

(3) 教育评价标准的改进：

①**教育评价标准应更加多元化**。不能仅仅以考试成绩作为唯一的评价标准，而应该综合考虑学生的多方面能力和素质。例如，创新能力、实践能力、团队合作能力、沟通能力、社会责任感等。

②教育评价标准应具有个性化。教育评价标准应该根据学生的个体差异进行调整,为每个学生制订个性化的评价方案。例如,对于有科技创新能力的学生,可以通过科技项目、发明创造等方面进行评价。

③教育评价标准应注重过程性。教育评价标准应该更加注重过程性评价,关注学生在学习过程中的表现和进步。例如,可以通过课堂表现、作业完成情况、小组合作参与度等方面进行评价,及时给予学生反馈和指导,帮助他们不断改进。

④教育评价标准应注重增值性。教育评价标准不要过度重视不同个体的比较,应该强调增值性评价,这时常表现为个体内差异评价,即更关注个体自身的进步与发展。

34.【答案要点】理论材料+综合题 ★★★★★

(1) STEM 课程中科学探究的步骤与对应的心理过程:

第一步:创设情境,提出问题——引起注意力,产生求知欲。

第二步:实践探究——思考、重组知识。

第三步:遇到困难,学习新知——理解、巩固、记忆新知识。

第四步:带着新知识再次探究——更多知识重组、编码,促进知识的转化、迁移与应用。

第五步:探索成功——改造和应用知识或方案。

(2) 从三个认知主义理论出发分析科学知识的学习过程:

认知主义理论强调人类的学习是一个认知过程,关注知识的获取、加工、存储和运用。该理论认为学习者是积极的信息加工者,他们通过感知、注意、记忆、思维等认知过程来构建知识体系。

①**布鲁纳认知—发现说的应用**。一方面促进学生理解科学的基本结构;另一方面倡导发现学习促进主动构建。在科学素养培养中,要让学生理解科学学科的基本概念、原理和规律等结构要素。同时,可以通过设置探究性实验、问题情境等方式引导学生发现科学知识。

②**奥苏伯尔有意义接受说的应用**。奥苏伯尔的有意义学习,一是建立新旧知识的联系,二是使用先行组织者策略。在科学素养培养中,要注重引导学生将新学习的科学知识与他们已有的知识经验相联系。同时,利用先行组织者来帮助学生学习科学知识,提高他们对科学知识的接受效果,进而提升其科学素养。

③**加涅信息加工学习理论的应用**。信息加工的学习模型由信息的三级加工系统、期望系统和执行控制系统构成。在科学素养培养中,首先,要引起学生对科学信息的注意。其次,信息进入工作记忆后,要帮助学生对科学知识进行有效的编码。最后,要通过不断地复习、应用等方式促进科学知识在长时记忆中的存储。

(3) 科学课程的教学过程设计:

①导入环节——体现态度责任素养。

展示一些生活中常见的物体浮在水面或沉在水底的现象图片或视频。提问学生:"你们知道为什么有些物体能浮在水面上,而有些物体却会沉下去吗?"引导学生思考,激发学生对科学探究的兴趣和积极的态度。

②知识讲解环节——体现科学观念素养。

讲解物体沉浮的概念,让学生明确什么是浮、什么是沉。介绍影响物体沉浮的因素,通过例子和实验演示,让学生直观地理解这些因素对物体沉浮的影响。引导学生总结物体沉浮的规律,形成科学的观念。

③探究实验环节——体现探究实践和科学思维素养。

提出探究问题:"不同材料的物体在水中的沉浮情况是怎样的?"教师引导学生思考并设计实验方案。

学生分组实验:实验过程中,引导学生观察、分析实验现象,培养学生的科学思维能力。

小组讨论总结:实验结束后,引导学生组织汇报,分享结果和发现。教师引导学生进行总结和归纳,得出结论。

④应用拓展环节——体现科学观念和态度责任素养。

展示一些生活中利用物体沉浮原理的实例，加深学生对科学观念的理解。提出新问题："如果我们要制作一个能够浮在水面上的玩具小船，你会选择什么材料？怎样设计它的形状和结构？"让学生运用所学的知识进行思考和设计，培养学生科学探究的兴趣、团队合作和勇于探索的精神以及解决实际问题的能力等。

35. 【答案要点】案例材料+综合题 ★★★★★

(1) 评价：

①从教学方法来看，教师引导学生对"鹬和蚌的嘴"这一问题展开讨论，学生不仅发现了教材中的问题，还开发了自己的思路，敢于为修改教材提建议。教师不仅启发学生动脑，还启发学生不要遵从权威。

②从教学内容来看，教师虽然没有按计划讲完《鹬蚌相争》这篇课文，但鼓励和引导学生对这篇课文有了新的思考和认识，在课本之外完成了新的学习内容。

③从教学过程来看，这堂语文课学生的参与度较高，大家都对"鹬和蚌到底应不应该张嘴说话"感兴趣并且愿意提出自己的想法。这堂语文课气氛活跃，真正调动了学生解决问题的积极性。

(2) 分析：

①领悟的课程。在课前李老师精心备课，有自己的备课计划。

②实行的课程。李老师实际上没有按备课计划讲课文，而是通过学生的问题实际开展了一节"讨论课"，课程在实施中受到了具体环境及教师组织能力、应变能力等因素的影响。

③经验的课程。学生在针对《鹬蚌相争》的发问、讨论和解决中，进行了能动地学习，实际感受和体验与理论知识相结合，最终使学生的经验发生了改变。

(3) 措施：

①师生是主导与主体的关系。当遇到问题时，教师要鼓励学生畅所欲言，充分保证学生的主动性，不干预和打断学生的想法，尊重学生积极思考的态度。

②师生是共享共创的关系。教师要设计富有启发性的问题来激发学生的兴趣和思考，通过互动，师生都会有所收获。

③师生是民主平等的关系。教师对所有学生应一视同仁，平等对待。在启发式教学中，对于学习困难的学生，教师要给予更多的耐心和关注。

④师生是宽容理解的关系。教师要营造轻松愉快的氛围，对学生越理解越宽容，学生越敢于提出自己的想法，越容易培养其发散性思维和创造能力。

36. 【答案要点】案例材料+综合题 ★★★★★

(1) 现阶段一年级教学存在的问题：

①教学进度与学生基础不匹配。材料中，桃桃识字量很少，看题如同看天书，说明教学内容对于零起点的学生来说可能存在一定难度，教学进度没有很好地适应学生的实际水平。

②作业难度设置不合理。老师每天布置的"聪明题"比较难，对于一年级的学生来说，这样的作业难度可能超出了他们的能力范围，容易打击学生的学习信心。

(2) 桃桃不愿上学的原因：

①桑代克的准备律和效果律。准备律指学习者在学习开始时的预备定势，当个体无准备而强制活动时会感到烦恼。材料中，桃桃看不懂题干的汉字就是缺乏准备律。效果律是指某行为成效不好，该行为的发生次数就会减少。材料中，桃桃的数学学习效果不好，使得她对学习数学的行为产生了抵触，不愿意上学。

②斯金纳的正强化规律。正强化指给予一个愉快刺激可以增加行为发生的频率。材料中，由于桃桃的数

学不好，她很难获得老师的表扬，缺乏积极强化导致其学习积极性难以提高，久而久之就不愿意上学了。

③**班杜拉的自我效能感理论**。材料中，"聪明题"的设置使得桃桃多次体会到失败的滋味，从而降低了她的自我效能感，打击了其自信心，导致其不愿意上学。

④**韦纳的归因理论**。材料中，桃桃将自己数学不好归因于能力不足，认为"使劲学都学不会"。能力是相对稳定且难以改变的因素，这种归因方式会让她感到绝望和无力，不愿意上学。

(3) 两道数学题目与设计思路：

根据材料，一年级的桃桃识字量少且基础较弱，当题目中有"数一数""填一填"时，"数"和"填"两个字她都不认识，这影响了她解读题目的能力。根据最近发展区理论和桃桃的识字基础设计的数学题目与思路如下：

①数学题目：

第一幅图：有5只小兔子在吃草，又来了4只小兔子，请问一共有几只小兔子？

第二幅图：有5只小兔子在吃草，来了4只小兔子，又走了2只小兔子，请问还有几只小兔子？

②设计思路：

第一幅图：这道题通过直观的图片形式呈现，不需要太多文字描述，桃桃可以直接通过观察图片数出原来的小兔子数量和新来的小兔子数量，然后进行相加。对于已经有一定"数数"基础的桃桃来说，将两个数量相加处于她的最近发展区。

第二幅图：在第一幅图加法的基础上，通过观察图片增加减法的运算，这个减法对于刚掌握加法运算的桃桃来说又处于另一个最近发展区。

# 333教育综合模拟卷（六）
# 答案及解析

一、单项选择题：第1~30小题，每小题2分，共60分。

1.【解析】B  理解题  此题考查教育的陈述类型。★

A. 教育术语：也称为教育定义，指对于一种事物的本质特征或一个概念的内涵和外延的确切而简要的说明。

B. 教育隐喻：人们运用隐喻性思维解释教育事实。

C. 教育概念：有广义和狭义之分，广义的教育指一切促进人发展的教育活动，狭义的教育主要指学校教育。

D. 教育口号：通常是非系统化、简练、明晰、通俗易懂的，且富有宣传和鼓励作用的公共言语。

题干中，陶行知把教育比喻成喂鸡，这种表述属于教育隐喻。因此，答案选B。

2.【解析】C  理解题  此题考查教育功能。★★★★★

A. 美国颁布《国防教育法》以发展教育，进而提升科技，这是对社会和国家发展起到积极促进作用的功能，体现了教育的正向功能。

B.《国防教育法》的颁布是为了提高教育质量，实施后促进了美国教育事业的发展，这一结果是有意识的预期行为，体现了教育的显性功能。

C. 隐性功能指伴随显性功能所出现的非预期性的功能，题干中未体现非预期的教育的隐性功能。

D. 题干中重视教育提高科技水平以增强国家实力，即教育的社会发展功能。

因此，答案选C。

3.【解析】A  理解+排除题  此题考查现代社会对教育的需求和挑战。★★★

教育终身化、教育国际化、教育现代化是"二战"后开始传播的词汇，只有教育数字化是近几年教育发展的新突破口。数字教育是指利用数字技术和信息化手段来进行教学活动和教育管理的一种新型教育模式，教育数字化其实体现了教育信息化和教育智能化的特点，确实更有助于个性化学习、终身学习。因此，答案选A。

4.【解析】B  理解题  此题考查影响人身心发展因素的主要理论。★

A."素丝说"——墨子，他以"素丝"和"染丝"为喻，说明人性在教育和环境影响下逐渐形成，属于外铄论。

B."学习即回忆"——柏拉图，他认为学习只是回忆灵魂中已有的知识，属于内发论。

C."白板说"——洛克，他认为人出生后心灵如同一块白板，一切知识都建立在经验的基础上，属于外铄论。

D."化性起伪"——荀子，他认为教育是改恶为善的过程，属于外铄论。

因此，答案选B。

5.【解析】B  理解题  此题考查影响人身心发展的主要因素。★★★

①"近朱者赤，近墨者黑"的意思是：接近好人可以使人变好，接近坏人可以使人变坏。这体现了环境对人身心发展的影响。

②"卒之为众人，则其受于人者不至也"的意思是：他最终成为一个平凡的人，是因为他后天所受的教育没有达到要求。说明先天的聪颖并不能决定人之后的发展，后天的教育至关重要。这体现了教育对人身心发展的影响。

③"玉不琢，不成器"的意思是：如果玉不精心雕琢，就不能成为有用的器物。用来比喻人不经过培养、教育，就不能成材。这体现了教育对人身心发展的影响。

④出自王安石的《伤仲永》，此句说明方仲永拥有优良的先天遗传素质。这体现了遗传对人身心发展的影响。

②③体现了教育对人身心发展的影响。因此，答案选 B。

6. 【解析】C  理解题  此题考查马克思主义关于人的全面发展学说。★★★★★

人的全面发展是个性的充分发展，强调个人发展与社会发展一致，这不属于个人本位论。因此，答案选 C。

7. 【解析】B  理解题  此题考查教育目的的层次结构。★★★

培养目标是根据教育目的制定的各级各类学校对受教育者身心发展所提出的具体标准和要求，是国家总体教育目的在不同教育阶段或不同类型学校、不同专业的具体化。北京师范大学的校训体现的是培养目标。因此，答案选 B。

8. 【解析】C  理解题  此题考查对终身教育的理解。★★★

终身教育的内容是综合性的，它不仅是职业教育，也不仅是知识教育，而是包括参与社会生活所需要的知识、技能、情感、道德等各个方面的整体意义上的教育，追求的是各种素质在个体身上的统一性和完整性。因此，答案选 C。

9. 【解析】C  理解题  此题考查对古德莱德课程分类的理解。★★★

（1）理想的课程：由一些研究机构、学术团体和课程专家提出的应该开设的课程。题干中未体现理想的课程。

（2）正式的课程：由教育行政部门颁布实施的课程。题干中主要强调的是教师调整计划后的课程实施及学生的体验，正式的课程在该情境中不是主要体现。

（3）领悟的课程：任课教师所领会、理解的课程。题干中，李老师在按照自己的理解讲解课程，属于领悟的课程。

（4）实行的课程：教师在课堂上实际实施的课程。题干中，李老师调整教学计划后，实际进行的关于星座主题的讨论课程就是实行的课程。

（5）经验的课程：学生实际感受和体验到的，并使学生的经验发生改变的课程。题干中，学生在这堂课中对牛郎星、织女星和星座产生兴趣并进行讨论，获得了关于这一主题的知识和体验，这就是他们所经历的经验的课程。

因此，答案选 C。

10. 【解析】B  理解题  此题考查布卢姆的教育目标分类学。★★★★★

在布卢姆的教育目标分类学中，分析指将整体材料分解成其构成成分，并理解其组织结构，以及将所学的零碎知识整合为知识体系的能力。题干中，李明在读过小说后，能对小说中人物的性格、隐藏身份及人物之间的关系做出概括和总结属于认知目标层次的分析。因此，答案选 B。

11. 【解析】C  记忆+理解题  此题考查主要的教学模式。★★★

范例教学模式是运用精选的知识经验以及事实范例作为教学内容，使学生掌握一般的、具有普遍意义的知识,即让学生通过范例性材料,举一反三地理解和接受基础性的知识,形成主动学习能力和独立判断能力。题干中,林老师把"自由落体"现象作为一个课题,从中引出了一系列概念和规律,体现了范例教学模式。因此,答案选 C。

12. 【解析】A　理解题　此题考查小组合作学习。★★★★★

A. 优秀生的进步空间有限,学困生的基础成绩低、进步空间大,只有学困生的成绩提高了,全组的提高分总和才会增加,平均值也会随之上升。这就促使优秀生必须帮助学困生提高成绩。

B. 如果只对比平均分,很有可能是小组内优秀生的成绩很卓越,拉高了小组的平均分,未必是学困生有进步。

C. 一对一的竞赛有可能演变为优秀生对优秀生,学困生对学困生,这不一定能提高学困生的成绩。

D. 各组各自合作完成一份作业,可能会导致优秀生承担大部分任务,学困生参与度不高,难以真正实现共同进步。

因此,答案选 A。

13. 【解析】B　理解题　此题考查德育过程。★★★

"内化于心,外化于行"指言行一致、表里如一。A、C、D 选项都体现了思想认识和实践行动的结合。B 选项中的小张同学在观看电影后撰写的观后感属于道德认知,没有体现出相应的行为。因此,答案选 B。

14. 【解析】C　理解题　此题考查德育方法。★★★

A. 情境陶冶法:通过创设良好的教育情境对学生进行积极感化和熏陶,潜移默化地培养学生品德的方法。

B. 说服教育法:通过对学生摆事实、讲道理,以理服人地做好沟通的方法。

C. 品德评价法:包括"表扬、奖励"和"批评、处分"两个方面。

D. 自我教育法:也叫自我修养,主要指学生的自我反思和自我改进。

题干是通过奖励的方式,引起学生的愉快体验,从而强化学生好的日常行为。因此,答案选 C。

15. 【解析】D　记忆题　此题考查教师专业发展的取向。★

教师专业发展的取向包括理智取向、实践—反思取向、生态取向、专家型取向、创新型取向和自我更新取向。理智取向的教师专业发展的重点在于教师的专业知识基础,认为教师要进行有效教学,一要拥有学科专业知识,二要拥有帮助学生获得知识的知识与技能,即教育专业知识。题干中的描述表明张老师的教师专业发展的取向是理智取向。因此,答案选 D。

16. 【解析】D　记忆+理解题　此题考查荀子的教育思想。★★★★★

A. "兼陈万物而中悬衡":不偏执于某一事物或事物的某一方面,对事物做广泛的比较、分析、综合。

B. "积微见著,积善成德":知识是不断积累的,善德是逐步培养的。

C. "学至于行之而止矣":学习要付诸行动。

D. "虚壹而静":集中精力,专一研究某个问题。

题干中,荀子这句话的意思是:蚯蚓没有锋利的爪牙、坚强的筋骨,却能上吃泥土,下饮地下水,这是用心专一的缘故。螃蟹有六条腿,两个蟹钳,但是如果没有蛇、鳝的洞穴它就无处存身,这是因为它用心浮躁。这体现了荀子反对不专注,用心浮躁,由此提出"虚壹而静"。因此,答案选 D。

17. 【解析】C　记忆题　此题考查鸿都门学和"文翁兴学"的对比。★★★

A. 鸿都门学不教授实用技能;"文翁兴学"注重道德教化,其实也就是注重道德修养。

B. 鸿都门学不注重学术研究,但发展个人兴趣;"文翁兴学"不注重教育普及,是为了本地的育才和教化。

  C. 鸿都门学注重文学艺术，其实就是注重兴趣爱好；"文翁兴学"注重地方教化和育才。

  D. 鸿都门学注重文学艺术；"文翁兴学"注重儒学经典。

  因此，答案选 C。

18. 【解析】B　理解题　此题考查古代的教育机构。★★★★★

  A. 私塾：在各朝代均有，是私学性质的蒙学机构，但无完备的制度。

  B. 社学：在元明清时期，国家在乡村建立的具有完备制度的蒙学机构。

  C. 书馆：汉代学习儒学的初等教育性质的私学场所，当时没有出现《三字经》《百家姓》《千字文》。

  D. 精舍：发展于东汉时期，是学者聚徒讲学的场所，是文化传承和学术交流的重要场所，不属于蒙学机构，不讲授《三字经》《百家姓》《千字文》等蒙学教材。

  因此，答案选 B。

19. 【解析】A　记忆题　此题考查中国共产党领导下的干部教育。★

  延安大学是在抗日民主根据地时期，共产党为了培养党政高级干部在抗日根据地建立的典型学校。B、C、D 选项是新民主主义教育发端期共产党人建立的学校。因此，答案选 A。

20. 【解析】D　理解题　此题考查陈鹤琴的教育思想。★★★★★

  陈鹤琴归纳出"活教育"教学的四个步骤：实验观察、阅读思考、创作发表、批评研讨。其中，在批评研讨这个阶段，教师和学生共同分享学习的成果，互相学习，互相批评，总结经验，吸取教训，既把总结所得应用到生活实践中去，又把它作为新的学习过程开始的基础。因此，答案选 D。

21. 【解析】D　记忆+理解题　此题考查东方文明古国的学校教育。★

  A. 古儒学校——古代印度培养婆罗门教教徒的学校。

  B. 寺院学校——古代印度培养佛教教徒的学校。

  C. 僧侣学校——古代埃及设于寺庙之中的学校，也称寺庙学校，不仅传授宗教事务，也重视科学技术教育，是当时的学术中心。

  D. 泥板书舍——古代巴比伦的教育机构，虽然设在寺庙里，但是学习的主要内容都是世俗化的。

  因此，答案选 D。

22. 【解析】C　记忆题　此题考查公学。★

  公学是由公众团体集资兴办，培养一般公职人员，是学生在公开场所接受教育的中等私立学校，是典型的贵族学校。因此，答案选 C。

23. 【解析】B　记忆题　此题考查洪堡的教育改革。★

  1810 年，洪堡领导创办了柏林大学，他的大学改革理念和模式成为各国高等教育效仿的典范。因此，答案选 B。

24. 【解析】A　记忆+理解题　此题考查赞科夫的教学原则。★★★★★

  以高难度进行教学的原则在实验教学体系中起决定性的作用。高难度并不意味着越难越好，难度要控制在学生的"最近发展区"范围内。维果茨基强调教育学不应当以儿童发展的昨天，而应当以儿童发展的明天作为方向。要创造"最近发展区"，然后使"最近发展区"转化到现有发展水平的范围之中，推动发展前进，只有当教学走在发展前面的时候，才是好教学。赞科夫非常赞同这一思想，他的教学原则是以"最近发展区"为理论基础的。因此，答案选 A。

25. 【解析】D　记忆题　此题考查赫尔巴特的四段教学法。★★★

(1) 明了：教师讲解新教材，把教材分解为许多部分提示给学生，方便学生领悟和掌握。教师主要采用提示教学，也可辅之演示，包括实物、挂图等直观教学方式帮助学生明了新观念，掌握新教材。此时兴趣处于注意阶段。

(2) 联想：通过师生谈话把新旧观念结合起来，但又没出现最后的结果。此时兴趣处于期待阶段。

(3) 系统：在教师的指导下寻找结论和规则，使观念系统化，形成概念。此时兴趣处于要求阶段。

(4) 方法：通过练习将所学新知识应用于实际，以检查学生对新知识的理解是否正确。此时兴趣处于行动阶段。

题干中，陈老师通过展示图片帮助学生明了新观念，属于明了阶段，此时兴趣处于注意阶段。因此，答案选 D。

26. 【解析】A　理解题　此题考查皮亚杰的认知发展阶段理论。★★★

A. 小学二年级的学生处于具体运算阶段，能进行思维运算，但必须有具体事物的支持。通过言语描述让学生比较谁的头发颜色最深，此时他们是回答不出正确答案的。

B. 小学二年级的学生已经获得了客体永恒性的观念，能够知道玩具熊在哪。

C/D. 小学二年级的学生已经获得了守恒观念，能够回答出橡皮泥的重量一样大，也能比较出两杯水一样多。

因此，答案选 A。

27. 【解析】C　记忆+理解题　此题考查加涅的学习结果分类。★★★★★

加涅根据学习结果将学习分为五种类型：言语信息的学习、智慧技能的学习、认知策略的学习、态度的学习和动作技能的学习。①④属于智慧技能的学习，②属于言语信息的学习，③属于态度的学习。因此，答案选 C。

28. 【解析】C　理解题　此题考查认知负荷。★★★

使用图表和实例辅助教学可以使学习材料更直观，降低外加认知负荷，从而有助于学习。增加学习材料的难度和加快教学进度会增加认知负荷（内在+外加）。采用大量的文字说明可能使学习材料更复杂，增加外加认知负荷。因此，答案选 C。

29. 【解析】B　理解题　此题考查迁移理论。★★★

A. 形式训练说：认为人的心智是由各种官能组成的，这些官能可以像肌肉一样通过训练而得到发展和加强。

B. 相同元素说：认为只有在原来的学习情境与新的学习情境有相同要素时，原来的学习才可能迁移到新的学习中去。

C. 概括化理论：认为迁移产生的关键在于学习者能够概括出两组活动之间的共同原理。

D. 关系转换理论：重视学习者对学习情境内部关系的顿悟在迁移中的作用。

题干中的识字课是引导学生分析已学过的简单汉字（"日"和"月"）与新学习材料（"明"）之间的关系，通过把两者之间的共同要素进行迁移，使学生掌握更多的汉字。因此，答案选 B。

30. 【解析】A　理解题　此题考查问题解决的策略。★★★

A 选项属于爬山法，以渐进的步子向目标状态靠近，在不确定手段与目标的差距时应用。

B 选项属于逆向反推法，从目标状态出发，考虑如何达到初始状态。

C 选项属于类比法，当面对某种问题情境时，个体可以运用类比思维，先寻求与此有些相似的情境的解答。

D 选项属于算法式，为了达到某一个目标或解决某个问题而采取的程序，通过严格执行算法程序来获得问题的解答。

因此，答案选 A。

## 二、论述题：第 31~32 小题，每小题 15 分，共 30 分。

**31.【答案要点】** 比较题　★★★★★

两种观点都各有优劣。

**(1) 张之洞"中体西用"的理论体系：**"中学"指"四书五经、中国史事、政书、地图"，为旧学，"西学"指"西政、西艺、西史"，也称"新学"。中学和西学的关系是"旧学为体，新学为用，不使偏废"。

①**历史作用：**

a. **从整体上看**，"中体西用"思想推动了社会发展的近代化进程。它将"西学"作为一个整体予以认可，为中国近代的变革注入了新的物质力量和精神力量，加速了封建制度的解体，推动了近代化的步伐。

b. **从教育方面看**，"中体西用"推动了中国教育的近代化进程。它极大地冲击了传统教育的价值观；启动了中国近代教育改革的步伐；引进了西方近代科学、课程及制度。

②**局限：**

a. **教育方面：**"中体西用"的根本目的是维护封建统治，阻碍了新式教育的发展进程，不利于近代刚刚开始的思想启蒙运动的发展。

b. **文化理论方面：**"中体西用"是在没有克服"中学"和"西学"之间固有的内在矛盾的情况下的直接嫁接，必然会引起二者之间的排异性反应。

**(2) 严复"体用一致"的文化教育观：**前期表现为"全盘西化"的倾向，其本质就是主张全面学习西方的自然科学与社会政治学说。后期表现为"融会中西、兼备体用"思想，他指出我们在肯定"西学体用"的同时，也要看到中国文化的价值。

①**历史作用：**严复建立了系统性较强的文化教育观。他在论述各种时代主题时，不流于表面的评论、倡导或谴责，能从中西文化比较的角度进行深入的分析，从历史演变的规律和学理上进行阐述。

②**局限：**从严复对西学的态度上看，有"全盘西化"的倾向，过于忽视中国传统学说的作用，也是片面的。维新变法失败后，他又逐渐走向复古主义的道路，表现出其主张的不彻底性。

**(3) 总评两种文化教育观：**

"体用一致"纵使比"中体西用"更有进步性，但是从历史发展的传播规律来看，"中体西用"一定出现在"体用一致"之前，且是"体用一致"的先导。任何国家的改革都是渐进式的，作为我国近代第一个学习西学的文化观，"中体西用"是基础，是先导，是前提，为西方文化进入中国打开了第一个缺口，之后才会引发新改革，触动新思想，才会有严复提出的"体用一致"。

换句话说，"体用一致"即使更先进、更完善，也不可能出现在中国近代化发展的第一阶段。洋务运动时期提出的"中体西用"就是合乎当时中国实际的选择，也符合外来文化进入新文明地域时渐进式开放的文化传播特征。

【评分：张之洞和严复的观点各 2 分，历史作用各 2 分，局限各 2 分，总评 3 分。】

**32.【答案要点】** 比较题　★★★★★

夸美纽斯在《大教学论》中将教育适应自然看作是整本书的根本性原则，卢梭在《爱弥儿》中系统化地论证了自然主义教育思想。

（1）**相同点**：夸美纽斯和卢梭的教育思想都主张教育要顺应人的天性，对儿童的年龄阶段进行划分，根据儿童的年龄特征进行教育，各个阶段有相应的学习任务；都体现泛智思想；都对后世产生了重要影响。

（2）**不同点**：

①**时代背景不同**：夸美纽斯在17世纪文艺复兴晚期提出教育适应自然，卢梭在18世纪末启蒙运动中巩固教育适应自然思想。

②**内涵不同**：夸美纽斯的"教育适应自然"主要是指教育要遵循自然界的普遍规律。卢梭的"教育适应自然"更侧重于遵循儿童的天性，教育应该顺应儿童的天性发展。

③**教育目的不同**：夸美纽斯的教育目的分为宗教性的教育目的和现实性的教育目的。宗教性的教育目的是为永生做准备；现实性的教育目的是培养有"学问、德行、虔信"的人。卢梭的教育目的是培养自然人，自然人是完全自由成长、身心调和发达、能自食其力、不受传统束缚、能够适应社会生活的一代新人。

④**教育方法不同**：夸美纽斯倡导班级授课制，并提出了一系列具体的教学原则，如直观性、启发性、循序渐进、巩固性、激发求知欲、量力性等。卢梭主张"消极教育"和"自然后果法"，强调儿童的自主体验和实践，通过自己的亲身经历来学习知识。

⑤**各教育阶段年龄的划分不同**：根据学生的不同年龄特点，两人将儿童从出生到青年划分为不同的阶段，每个阶段的年龄各不相同。

⑥**影响不同**：卢梭比夸美纽斯更完整、更系统地总结了自然主义思想，其影响力更大。

（3）**自然主义教育思想的历史影响**：

①**理论价值**：系统地论证了自然教育理论，为教育理论科学化奠定了基础。②**实践价值**：泛爱学校是将自然主义思想实践化的典型范例。③**教育对象**：确立了儿童在教育中的中心地位，主张解放儿童的天性，具有划时代的意义。④**历史影响**：具有反宗教、反封建的历史意义，促进了教育的近代化。

（4）**自然主义教育思想的局限性**：

①**理论缺陷**：对"自然"的界定不甚清晰，缺乏严谨性。②**实践弊病**：容易在教育教学实践中给予儿童过度的自由，导致可行性弱。③**价值取向**：一些自然主义教育家忽视了教育的社会制约性，未能深刻地揭示教育的本质。④**研究方法**：一些自然主义教育家们运用的研究方法缺乏科学依据。

【评分：相同点2分，不同点7分，历史影响3分，局限性3分。】

## 三、材料分析题：第33~36小题，每小题15分，共60分。

33.【答案要点】案例材料+综合题　★★★★★

（1）**劳动教育常见的三种类型**：日常生活劳动、生产劳动、服务性劳动。

①**日常生活劳动**。材料中，幼儿园小朋友进行烹饪，注重培养学生的生活能力和良好的卫生习惯，树立自理、自立、自强的意识，养成终身劳动的习惯。

②**生产劳动**。材料中，某小学联合环保志愿者联合会共同搭建蔬菜种植基地，引导学生进行农业生产劳动，感受物质产品的来之不易，从而尊重普通劳动者、尊重劳动成果，形成正确的劳动价值观。

③**服务性劳动**。材料中，小学生参与的慈善活动，具有明显的公益性和利他性的特点，学生通过帮助他人、服务集体，在劳动中体悟人与人、人与自然、人与社会的关系，强化社会责任感。

（2）**劳动教育的价值**：

①**劳动教育能够树德**。在劳动课程教学中，不仅要教会学生技术，更重要的是锤炼学生热爱劳动、勇敢、吃苦耐劳的优秀品质。

②**劳动教育能够提智**。劳动生活课需要学生进行思考和应对突发情况。有学生脑力加持的劳动与技术教

育，将有效地发展学生的思维，在提升劳动技能的同时进一步激发创新的意识，推动实践的创新。

③**劳动教育能够强体**。学生年龄尚小，但已经可以进行一些适当的体育锻炼。教师带领学生走出教室，让学生在亲身实践中逐步掌握劳动的技能，在体验劳动的过程中提升体能、锻炼品质、品尝劳动的果实。

④**劳动教育能够育美**。劳动中蕴藏了很多美的元素，例如学生炒菜，色香味中的色就是一种美，这就要求学生在重视味觉的同时关注色彩的搭配，逐渐形成审美情趣，让学生在劳动中发现美、创造美。

（3）从学校、家长、社会的角度助力劳动教育的实施：

①**学校落实劳动教育**。a. 加强纵向衔接，大中小学课程一体化系统设计；b. 促进横向贯通，独立设课与学科渗透教学有机结合，完善劳动教育课程体系；c. 因地制宜常态实施，大胆探索多元化的劳动实践项目。

②**家庭落实劳动教育**。a. 引导家庭重视孩子生活技能养成，明确家庭教育细则，关注家长的合理诉求；b. 引导家长职责归位，培养孩子的劳动意识和观念，要在孩子心中早早种下"劳动最光荣"的理念。

③**社会助力劳动教育**。a. 深化产教融合，改进劳动教育方式，为学生在现代企业中体验劳动、实习、实训搭建平台；b. 引导社会舆论，弘扬劳动精神，形成尊重、热爱、崇尚劳动的良好风气。

④**家庭、学校、社会协同实施劳动教育**。发挥家庭在劳动教育中的基础作用，落实学校在劳动教育中的主导作用，强化社会在劳动教育中的支持作用。

34. 【答案要点】理论材料+综合题　★★★★★

（1）使用费曼学习法的步骤：

第一步：**选定讲解主题**。材料中，费曼学习法要求学习者首先选定想要学习或深入理解的主题。

第二步：**组织语言，表述信息**。材料中，学习者应该尝试用自己的话把概念解释给他人听，学会使用自己的语言组织和表达知识。

第三步：**解释不清时，重新学习**。材料中，学习者遇到自己解释不清的问题时，说明此处还理解不清，应该重新学习，搞懂知识。

第四步：**重新组织和复述，加强理解和记忆**。材料中，学习者无法解释清楚某个知识时，需要重新组织语言，重新表达，直到自己表述清楚，同时还需要多次复述，以达到理解和巩固的目的。

（2）费曼学习法背后的教育心理学机制：

①**建构主义学习理论**强调学习者不是被动地接受知识，而是通过自身经验和思考主动建构知识。费曼学习法要求学习者用自己的语言解释知识，这正是基于学生已有经验对新知识进行建构的过程。

②**元认知策略**是对信息加工流程进行控制的策略。费曼学习法中的回顾和简化环节，符合元认知的理念，学习者在讲述知识后，会意识到自己理解的不足和错误，从而调整学习策略和方法。

③**认知策略**是注重大脑对信息加工和编码的策略。费曼学习法强调学习者不仅通过主动讲解回忆知识要点，还通过简化知识进行自我提问，最后梳理知识进行讲述，体现了注意策略、精细加工策略、组织策略和复述策略。

④**认知负荷理论**认为学习过程中的认知负荷会影响学习效果。费曼学习法要求学习者用简单易懂的方式解释复杂知识，这有助于降低认知负荷，使学习更加高效。

⑤**信息加工学习理论**认为学习是对信息的获取、编码、存储和提取的过程。费曼学习法中的讲解和反馈环节，有助于学习者对知识进行更有效的编码和存储，提高信息提取的效率。

⑥**自我效能感理论**指个体对自己能否成功进行某一成就行为的主观判断。费曼学习法中当学习者能够成功地向他人讲解知识，会增强他们对自己学习能力的信心，提高自我效能感，从而更积极地投入学习。

（说明：考生一般写出五个理论即可，此处的答案可供考生参考，如果考生写出其他有理有据的答案，亦可得分。）

（3）原因：

①不能向其他人解释清楚的学习是一种被动学习。被动学习的常见方式是听、看、读、练，是一种自我感觉学会了的学习。当学习者发现自己无法向其他人讲清楚时，才发现被动学习有两种缺陷：一是无法加深对知识的理解和记忆；二是无法通过反馈检查自己的学习效果。

②当学习者可以向其他人讲清楚一件事时，属于一种主动学习。主动学习会促使学习者做到以下几点：

一是学习者只有深度理解信息的意义和逻辑关系，才能给其他人讲清楚。

二是学习者只有对知识做深度加工和编码，才能记住信息，提取信息。

三是学习者只有提炼最关键的信息，给其他人讲解时才能减少认知负荷，容易描述清楚。

四是学习者将自己理解的知识转化成让对方听懂的知识时，说明学习者已经学会了主动应用知识和转化知识，达到这个程度，学习者其实又对知识进行了一次深加工，将更利于巩固知识和长期存储知识。

35. 【答案要点】案例材料+单一题　★★★★★

（1）原因：

①只教授方法会很空洞，**不能做到理论联系实际**。写作方法是外在的模式，学生需要将写作方法由外而内地转化成自己的内在能力。当学生不能在具体写作上内化的时候，就只能收获关于写作方法的外在结论，只会背第一步、第二步之类的机械步骤，没有切实的例子，教学就会空洞。

②即便是写作方法与举例结合，也需要给学生时间练习。

③学生的学习离不开自悟的过程，需要教师耐心地辅导和鼓励。

（2）教学内容与教学方式对教学效果的影响：

①**教学内容决定了教学方式的选择**。不同类型和难度的教学内容需要适配相应的教学方式。理论性的教学内容更适合讲解的方式；而实践性的内容要通过实践操作让学生更好地理解和掌握。

②**教学方式也反过来影响教学内容的呈现效果**。恰当的教学方式能够突出教学内容的重点和难点，使复杂的内容变得易于理解。例如，多媒体教学方式可以更生动形象地展示抽象的教学内容。

③**如果教学内容和教学方式不匹配，就会影响教学效果**。对于需要学生亲身体验和实践的教学内容，单纯理论讲解可能无法让学生真正理解和掌握知识，导致学习效果不佳。

④**当教学内容和教学方式相互契合时，能够极大地提高学生的学习兴趣和参与度**。例如，在历史课中，通过角色扮演让学生仿佛身临其境，能更好地感受历史背景和人物情感，从而增强教学效果。

总之，教学内容与教学方式是相互依存、相互影响的关系，只有二者协调统一，才能实现良好的教学效果。

（3）合适的教学方式的选择：

①**依据社会的要求**：经济与科技的发展促进教学方式的变革。在当今时代，教师多使用多媒体等教学方式匹配教学。教师应该依据社会的要求、学校的条件选择合适的教学方式。

②**依据学生的要求**：学生的年龄和认知水平是选择教学方式的重要参考因素。小学生可能更适合通过游戏、直观演示来学习；中学生则可以接受更多的讨论和自主探究。教师应该依据学生的兴趣、需要、身心发展规律和天性等因素选择合适的教学方式。

③**依据教育内部的要求**：

a. 教学目标：教师要明确教学的具体目标是什么，如果是传授新知识，讲授法可能更合适；如果是培养学生的实践能力，实践操作的方式则更为有效。

b. **教学内容**：不同的教学内容适合不同的教学方式。复杂的数学定理推导适合逐步讲解分析；而生动有趣的语文故事类内容，可以通过角色扮演来加深理解。

c. **教师风格**：有的教师适合婉约派的风格，有的教师适合活力四射的风格。教师风格不同，经验不同，选择的教学方式也会不同。

36. 【答案要点】案例材料+综合题 ★★★★★

(1) 作业设计的优点：

①**维果茨基的"最近发展区"理论**，将儿童现有的发展水平和潜在发展水平之间的差距称为最近发展区，认为教学应当落在最近发展区内，带动学生发展。

材料中的作业设计着眼于学生的最近发展区，按照班上学生的历史学习基础和学习能力的不同，将作业分成三个层次，可以让学习基础薄弱的学生从中获得成就感，提升学习兴趣，也可以让学习基础好的学生深化对所学知识的理解和掌握。

②**布鲁纳的认知—发现说**，提出学习的实质是主动地形成认知结构，发现学习是学生掌握学科基本结构的最好方法。

材料中，历史老师的作业设计除了要求学生掌握基本知识，还要求对两次鸦片战争的内容进行整合分析，最后展开思考与探索。在此过程中，学生必须主动地运用自己的头脑并亲自获得知识，这非常锻炼学生的思维能力。

(2) 作业类型体现的迁移：

①从迁移发生的学习类型和影响效果来看，材料中三个层次的作业均需要知识与动作技能的迁移。需要学生调动与两次鸦片战争相关的基础知识完成作业，同时，这些作业都要达到正迁移的效果。

②从迁移发生的不同程度来看，三个层次的作业都属于近迁移，作业完成与课堂学习的情境相似、结构相同。

③从迁移内容的抽象和概括水平来看，垂直迁移指不同难度的两种学习直接地相互影响。材料中不同层次的作业代表了不同的学习难度，完成更高层次的作业，就是将所学知识应用到更高层次和更复杂的任务中。

④从迁移发生的时间顺序来看，三个层次的作业都属于顺向迁移。作业布置在课堂学习之后，学生在完成作业时需要调动先前课堂学习的知识与经验。

⑤从迁移发生的自动化程度来看，材料中第二、三层次的作业还体现了高通路迁移。高通路迁移是指迁移过程中学生有意识参与的迁移。在第二、三层次作业上，教师需要学生应用课堂教学中培养起来的历史学习策略，调动历史知识储备，完成两次鸦片战争的比较。

(3) 指导家长用以下元认知策略帮助孩子自主高效地、顺利地完成作业：

①**运用好计划策略**。家长在孩子每天开始做作业之前，可以做这样的提问：今天放学回家怎么安排？今天的作业有哪些？你打算先做什么后做什么？为什么这么安排？各科作业大概用多少时间？是否需要穿插休息时间？做完作业你想做什么？等等。家长鼓励、尊重孩子自己的安排，而不是替孩子做安排。

②**运用好监察策略**。家长多提醒孩子做完作业要不要检查？怎样做检查？发现错题怎么办？怎样做预习，并反思今天做作业是否专心致志。家长引导孩子学会自我监控和反思，帮助他们找到适合自己的学习方法，以提高学习效果。

③**运用好调节策略**。家长提醒孩子阅读不懂怎么办，有错题该怎么办，走神了该怎么办，为孩子提供一些行之有效的新学习方法，帮助孩子学会根据认知活动结果，采取相应的措施；根据对认知策略效果的检查，及时修正、调整认知策略。

最后，家长一定要给孩子及时反馈和积极评价，让他们的努力得到认可。

第32题

第35题

第36题

第32题

第35题

第36题

# 全国硕士研究生招生考试

## 教育综合答题卡2

第34题

请在各题目的答题区域内作答,超出答题区域的答案无效

三、材料分析题：33～36小题，每小题15分，共60分。

第33题

# 全国硕士研究生招生考试

## 教育综合答题卡1

| 报 考 单 位 | |
|---|---|
| 考 生 姓 名 | |

准 考 证 号

### 注意事项

注意事项：
1. 填（书）写部分必须用黑色字迹签字笔，笔迹工整、字迹清楚，涂写必须使用2B铅笔。
2. 选择题必须用2B铅笔涂在答题卡相应题号的选项上。非选择题必须用黑色签字笔在指定区域作答。不在指定区域作答的答案无效。
3. 请保持答题卡清洁，请勿做任何标记，否则按无效卷处理。
4. 请必须将试题册上的试题信息条形码贴在答题卡标有"试卷信息条形码粘贴位置"的框内。

正确填涂 ■        错误填涂 ⊠ ⊡ ▬

缺考标志 □        缺考信息由监考员加盖缺考章，不要遮挡考生信息。

---

**一、单项选择题：1~30小题，每小题2分，共60分。下列每小题给出的四个选项中，只有一个选项是最符合题目要求的。**

1 [A] [B] [C] [D]　　6 [A] [B] [C] [D]　　11 [A] [B] [C] [D]　　16 [A] [B] [C] [D]　　21 [A] [B] [C] [D]　　26 [A] [B] [C] [D]
2 [A] [B] [C] [D]　　7 [A] [B] [C] [D]　　12 [A] [B] [C] [D]　　17 [A] [B] [C] [D]　　22 [A] [B] [C] [D]　　27 [A] [B] [C] [D]
3 [A] [B] [C] [D]　　8 [A] [B] [C] [D]　　13 [A] [B] [C] [D]　　18 [A] [B] [C] [D]　　23 [A] [B] [C] [D]　　28 [A] [B] [C] [D]
4 [A] [B] [C] [D]　　9 [A] [B] [C] [D]　　14 [A] [B] [C] [D]　　19 [A] [B] [C] [D]　　24 [A] [B] [C] [D]　　29 [A] [B] [C] [D]
5 [A] [B] [C] [D]　　10 [A] [B] [C] [D]　　15 [A] [B] [C] [D]　　20 [A] [B] [C] [D]　　25 [A] [B] [C] [D]　　30 [A] [B] [C] [D]

**二、论述题：31~32小题，每小题15分，共30分。**

第31题

请在各题目的答题区域内作答，超出答题区域的答案无效

# 全国硕士研究生招生考试

## 教育综合答题卡2

报考单位

考生姓名

准考证号

第34题

第5页（共8页）

三、材料分析题：33～36小题，每小题15分，共60分。

第33题

# 全国硕士研究生招生考试

## 教育综合答题卡1

|报考单位| |
|---|---|
|考生姓名| |

准考证号

### 注意事项

注意事项：
1. 填（书）写部分必须用黑色字迹签字笔，笔迹工整、字迹清楚，涂写必须使用2B铅笔。
2. 选择题必须用2B铅笔涂在答题卡相应题号的选项上。非选择题必须用黑色签字笔在指定区域作答。不在指定区域作答的答案无效。
3. 请保持答题卡清洁，请勿做任何标记，否则按无效卷处理。
4. 请必须将试题册上的试题信息条形码贴在答题卡标有"试卷信息条形码粘贴位置"的框内。

正确填涂 ■　　　错误填涂 ⊘ ⊠ ⊟ ▬

缺考标志 □　　　缺考信息由监考员加盖缺考章，不要遮挡考生信息。

---

一、单项选择题：1~30小题，每小题2分，共60分。下列每小题给出的四个选项中，只有一个选项是最符合题目要求的。

| 1 [A] [B] [C] [D] | 6 [A] [B] [C] [D] | 11 [A] [B] [C] [D] | 16 [A] [B] [C] [D] | 21 [A] [B] [C] [D] | 26 [A] [B] [C] [D] |
| 2 [A] [B] [C] [D] | 7 [A] [B] [C] [D] | 12 [A] [B] [C] [D] | 17 [A] [B] [C] [D] | 22 [A] [B] [C] [D] | 27 [A] [B] [C] [D] |
| 3 [A] [B] [C] [D] | 8 [A] [B] [C] [D] | 13 [A] [B] [C] [D] | 18 [A] [B] [C] [D] | 23 [A] [B] [C] [D] | 28 [A] [B] [C] [D] |
| 4 [A] [B] [C] [D] | 9 [A] [B] [C] [D] | 14 [A] [B] [C] [D] | 19 [A] [B] [C] [D] | 24 [A] [B] [C] [D] | 29 [A] [B] [C] [D] |
| 5 [A] [B] [C] [D] | 10 [A] [B] [C] [D] | 15 [A] [B] [C] [D] | 20 [A] [B] [C] [D] | 25 [A] [B] [C] [D] | 30 [A] [B] [C] [D] |

二、论述题：31~32小题，每小题15分，共30分。

第31题

请在各题目的答题区域内作答，超出答题区域的答案无效